JN302415

論理的読み書きの理論と実践

知識基盤社会を生きる力の育成に向けて

犬塚美輪・椿本弥生 著

北大路書房

はじめに

　指導要領には,「生きる力」というスローガンが掲げられています。では「生きる力」となる学力とは一体何でしょうか。筆者たちは,「知識社会を生きていくために必要な力」の重要な要素の一つとして「論理的読み書きの力」を位置づけるべきだと考えています。本書は,「論理的読み書き」とはどのようになされるのか,そしてその教育がどのようにあるべきかを,心理学と教育工学,実践の観点から論じるものです。

　私たちが生きている社会の特徴を考えるとき,「知識社会」という言葉がよく用いられます。ドラッカー（Drucker, P. F.）は著書『断絶の時代（*The age of discontinuity*)』の中で,今日言われる「知識」とは「成果を生むための専門的で高度な」知識を指すと述べています。つまり,知識社会における「知識」は,役に立たない羅列的な情報の目録を指すものではなく,行動のための活きた知識でなくてはならないのです。活きた知識というと,「見て覚える」もの「盗む」ものと捉えたくなるかもしれませんが,活きた知識を「客観的体系的に伝達可能な専門的知識」として位置づけることも可能なはずです。

　では,知識はどのように「客観的体系的に伝達」されるのでしょうか。もちろん,学校をはじめとする教育機関における指導によって身についていくところも大きいでしょう。しかし,知識社会の特徴は,必要な新しい知識が次々に生まれてくるところにもあります。いったん学校を卒業したら,あるいは,いったんある職種で習熟すれば,知識社会で生きていくための知識がすべて揃う,というわけではないのです。したがって,持続的な学習によって,次々に生まれる新しい知識に対応することが必要ですし,持続的学習のためのスキルを身につけることが教育における大きな課題となってきます。こうしたスキルの代表的なものとして「読む」ことがあります。私たちは,知識社会を生き抜くための持続的学習を支えるスキルとして「読む力」を身につけなくてはならないのです。

　一方,「高度に専門化された知識」は,多くの場合,単独ではさほど有益ではなく,それを他者との協調の中で活用していくことが必要です。したがって,協調のために自分の知識を伝達することが重要になります。このときただ断片的な知識を提供するのではなく,知識を体系的・説得的に伝達し,利用してよりよい方向を導き出すことが必要です。つまり,ただ「読む」だけでなく,その内容を「伝え」「協調する」ことが求められるのです。

はじめに

　このように考えると，OECD 生徒の学習到達度調査（PISA）における「読解リテラシー」の定義が大変示唆的なものに思われます。PISA では，「読む」ことは「自らの目標を達成し，自らの知識と可能性を発達させ，効果的に社会に参加するために，書かれた**テキストを理解し，利用し，熟考する能力**」（太字は筆者による）と定義されています。また，この調査では，書かれた内容を利用して説明する課題や，自分の知識を用いて答える課題が含まれています。こうした課題は「伝える」スキルを測定するものと位置づけることもできるのではないでしょうか。したがって，PISA は，「読むこと」「伝えること」を現代的な学力の一つとして重視することを明示するものといえるでしょう。

　こうした背景から，本書では，「知識社会における『生きる力』」の中核として，「論理的な読み書きの力」を考えています。本書で取り上げる「論理的読み書き」とは，「批判的に読むこと」と「論理的な伝達として書くこと」を意味します。「批判的に読むこと」は，文章内の情報の論理的関係を吟味して主体的に理解することと定義できます。書かれている内容の的確な理解のみならず，その矛盾点の発見や課題の導出につながるような読解を指します。「論理的に書くこと」は，自分の主張を論理的，説得的に表現することです。わかりやすい構成で書くことだけでなく，説得力のある主張を展開することが重視されます。

　知識を得ることは，単に書かれている内容の目録を保存することではないと前に述べました。批判的読解を通じての知識の構築と，論理的表現による知識の協調によって，私たちは知識社会において自分の力を発揮していけるようになるのです。

　日本では，前述した PISA の結果などを受け，こうした「論理的読み書き」に対する意識が高まってきています。新しい指導要領には「言語」に関する記述が多く，教科横断的な言語活動によって，論理的読み書きの力を身につけさせることが一つの柱になっていると言っても過言ではありません。

　ここで，私たちは「論理的読み書き」についてこれまでに得られている研究成果を振り返る必要があるのではないでしょうか。「読解」や「作文」についてはこれまでに多くの研究が蓄積されてきています。これらの知見からは，「論理的読み書き」の力を育成するためにどのような提言が得られるでしょうか。また，これまでの研究からは明らかでないことは何でしょうか。本書では，こうした問いに対して，心理学と教育工学の知見を中心に考察を進めます。

　本書では，「論理的読み書き」についての理論的研究および実践研究から得られた知見を統合的に捉えることを重視しました。まず，第 1 部として「読む」こと，第 2 部として「書く」ことを別々に取り上げて，その認知プロセスと介入研究を概観します。ここで，本書の特徴は，「読む」「書く」それぞれの研究知見の中でも，「批判的読解」および「説得的な作文」という点をより重視した検討を行う点にあります。そ

れらの研究成果が，現在の教育場面で指摘されている問題にどのような理論的基盤・実践的知見を提供しうるのか考察し，さらに残されている課題は何かを明らかにしていきます。

　そのうえで，第3部では「読む」こと「書く」ことの両者を関連づけて論じます。第3部では，「論理的読み書き」について指導する際のポイントとして，「読みと書きを切り離して指導するのではなく，統合的なプロセスとして指導すること」「持続的横断的な指導を行うこと」の重要性を特に主張したいと考えました。

　本書は，文章読解や作文に関わる心理学・教育工学に興味を持った大学生および大学院生に対する概論書であるとともに，「論理的読み書き」の指導に携わる人の参考となるよう企画したものです。そのため，説明文・論説文・評論文といった文種に限定し，その認知プロセスと教育介入・実践の知見を紹介することに注力しました。読解の重要な基礎的なプロセスである文字や単語の同定，統語処理，あるいは文学的文章の読解などについては他書に譲ることとしました。本書を手に取った読者のみなさんが「論理的読み書き」の認知プロセスや教育について，論理的に読み，そこで得た知識を他者と伝達しあうことで，新たな知識を生み出していくことを願っています。

　最後に，本書の執筆にあたっては，多くの方にご協力いただきました。研究仲間や先輩方から多くのアドバイスをいただいたことに感謝します。特に山口大学の沖林洋平先生には，専門的知見をご教授いただき，本書の全体像や構成について刺激的なアイデアをいただきました。また，北大路書房の薄木敏之氏に大変お世話になりました。ここに記して感謝いたします。

　　　2014年5月

著者を代表して
犬塚美輪

目次

はじめに　*i*

第1部　論理的文章を読む

第1章　論理的読みの基盤——読解プロセスの観点から……2

1節　「読んで理解する」とはどういうことか　*2*
　1．ボトムアッププロセスとトップダウンプロセス　*2*
　2．文章全体を理解する　*4*

2節　読解に関連する情動的要因　*7*
　1．読解に関する信念　*7*
　2．動機づけ　*8*

3節　「読解力」を高める　*9*
　1．積極的な読解とは　*10*
　2．方略使用と指導の効果　*12*
　3．まとめ　*15*

4節　カリキュラムとしての読解指導とその評価　*15*
　1．読解のカリキュラムと学習者の認識　*16*
　2．読解の評価　*18*

5節　本章のまとめ　*19*

第2章　高次リテラシーとしての批判的読解……21

1節　生きる力としての読解力　*21*
2節　高次リテラシーとは何か　*22*
3節　批判的読解とは何か　*23*
　1．形式論的推論能力　*24*
　2．領域固有の知識・熟達　*25*
　3．態度と一般的認知能力　*28*

目次

 4節 理解モニタリングと批判的読解　30
  1．読解過程における理解モニタリング　30
  2．批判的読みと理解モニタリング　31
 5節 批判的読解力を育てる　33
  1．読みの目的と理解モニタリングの育成　33
  2．文脈の中での方略指導　34
 6節 複数のテキストの統合　36
  1．複数テキストの読解における信念・態度　36
  2．批判的統合のための指導　37
 7節 本章のまとめ　38

第3章 非連続テキストとデジタルテキストの読解　40
 1節 読む対象の変化　40
 2節 プリントテキストにおける非連続の情報読解　40
 3節 デジタルテキストにおける非連続の情報読解　43
  1．様々なデジタルテキスト　43
  2．デジタルテキストを読む　44
 4節 メディアリテラシー：デジタルテキストにおける批判的読解　49
 5節 非連続テキストを読む力の現状と育成　50
  1．日本の学習者の現状と課題　50
  2．デジタルテキストを読む力の育成　52
 6節 本章のまとめ　53

第4章 第1部まとめ——読むこととその教育に関する課題　54
 1節 読んで理解し批判的に考える　54
 2節 日常的な読解活動　56
 3節 新たな形の「読み」　58
 4節 読むことと書くこと　59

第2部　論理的文章を書く

第5章 論理的文章の「よさ」とその評価　62
 1節 論理的な文章とは　62
 2節 読み手はどのような文章を論理的であると評価するのか　63

         1．人はどのような文章を説得的だと評価するのか　*64*
         2．文章の表層的特徴と構成的特徴　*65*
         3．文章評価の難しさ　*67*
   3節　**機械による論理的文章の採点**　*68*
         1．文章自動採点研究の概要とその手法　*68*
         2．文章自動採点システムの問題点　*70*
         3．文章採点の混合アプローチ　*71*
   4節　**本章のまとめ**　*72*

第6章　論理的に書くための「型」　……………………………………… *74*
   1節　**論理的文章の型を知る**　*74*
         1．論理的な文章と型　*74*
         2．型を用いた作文教育：日本と米国との比較　*75*
         3．パラグラフライティング　*77*
         4．文章の外の「型」　*78*
   2節　**論理的文章の「型」に関する研究・実践**　*79*
         1．トゥールミンの論証モデルによるレポートライティング教育　*79*
         2．言語技術指導　*81*
   3節　**思考図の活用**　*82*
         1．エッセイトライアングル　*83*
         2．知識構築の十字モデル　*84*
         3．思考の型を活用するために　*86*
   4節　**本章のまとめ**　*87*

第7章　作文のプロセスと指導　………………………………………… *89*
   1節　**作文のプロセス**　*89*
         1．うまい書き手はどこが違うか　*89*
         2．作文プロセスのモデル　*90*
   2節　**作文プロセスからの介入**　*91*
         1．プランニングを改善する　*91*
         2．推敲を改善する　*93*
         3．プロセス全体を視野に入れる　*96*
   3節　**「他者」を活かす**　*97*
         1．他者の視点からの検討とメタ認知的活動　*97*
         2．プロセスを再認識させる存在としての他者　*99*

3．もう一人の書き手としての他者　*100*
　4節　カリキュラムとしての作文指導とその評価　*105*
　　　1．教科書の変遷から　*105*
　　　2．評価の観点から　*106*
　5節　本章のまとめ　*107*

第8章　第2部まとめ——書くこと，伝えること，考えること　………… *109*
　1節　論理的な文章のよさとは　*109*
　2節　型を用いた作文指導　*110*
　3節　書き手の認知プロセス　*112*
　4節　作文指導のこれから　*113*
　5節　第3部に向けて：読むこと・考えること・伝えること　*114*

第3部　読み書きを総合的に捉える

第9章　コミュニケーションを通して論理的読み書きの基盤をつくる　……… *118*
　1節　読み書きの基盤としてのコミュニケーション　*118*
　　　1．コミュニケーションを基盤とした読解の指導　*119*
　　　2．コミュニケーションを基盤とした作文の指導　*119*
　　　3．コミュニケーションを基盤として読み書きを一体化させる　*120*
　2節　コミュニケーション基盤を活用した説明と説得　*122*
　　　1．アントレプレナーシップ教育による「ことばの力」の育成　*122*
　　　2．オンライン協調学習環境　*124*
　3節　書く機会を増やす　*126*
　　　1．マイ・ディクショナリー：小学生による辞書づくり活動　*126*
　　　2．付箋教材の活用　*128*
　　　3．アナログツールの効能　*129*
　4節　本章のまとめ　*130*

第10章　状況横断的な介入を目指す　……………………………………… *132*
　1節　論理的な読み書きの学習における転移の困難さ　*132*
　2節　論理的読み書きの位置づけを明確化する　*134*
　　　1．中心的なカリキュラムの中で論理的な読み書きを行う　*134*
　　　2．評価を通して連携する　*136*

3節　転移を支援する環境づくり：学びの持続を支えるチューターによる個別相談　　139
　　　1．海外事例：テキサスA&M大学ライティングセンター　　140
　　　2．国内事例1：早稲田大学　　143
　　　3．国内事例2：名桜大学言語学習センター　　145
　　　4．まとめ　　146
　4節　本章のまとめ　　147

第11章　論理的な読み書きの育成――これまでとこれから　　149
　1節　論理的読み書きに関する研究と実践　　149
　2節　本書の提言　　150
　　　1．認知プロセスの観点と「型」指導の統合　　151
　　　2．読むことと書くことの指導の統合　　152
　　　3．新たな技術への着目と活用　　153
　3節　「生きる力」としての論理的読み書き　　154

　　　文献　　157
　　　人名索引　　169
　　　事項索引　　172
　　　あとがき　　175

第1部

論理的文章を読む

第1章 論理的読みの基盤
──読解プロセスの観点から

1節 「読んで理解する」とはどういうことか

「読解」は文字どおり「読んで理解する」ことである。しかし、「読んで理解」するとはどういうことだろうか。どういう状態が「読んで理解」した状態だと言えるだろうか。筆者は大学生に「どういうときに『読んで理解』できないか」と尋ねてみた。この問いに対する回答には、多くの人が素朴に「読解」として位置づけているものがよく反映されている。以下、大学生の回答を参照して、読んで理解するということを多くの人がどう捉えているかを考察しながら、心理学の研究知見を紹介する。

1. ボトムアッププロセスとトップダウンプロセス

まず、A君は「難しい漢字や専門用語が出てくる文章は読んでも理解できない」と回答した。これは、読解プロセスの基礎的な処理につまずいているという気づきを示したものとして位置づけることができる。

読解のプロセスは、基本的に「ボトムアップ」と「トップダウン」の二つの方向から捉えられる。ボトムアップのプロセスとは、小さな単位のデータをもとに全体の内容を表象していく方向で行われるプロセスであり、データ駆動型の処理とも呼ばれる。ボトムアッププロセスでは、まず、文字の符号化がなされ、そこから単語の意味が同定される。次に行われるのが、統語的（文法的）な処理で、そこから単語間のつながりを理解する。単語間の関連を表す単位としては、「命題」を用いて表すことが多い。命題とは一つの述部を中心に構成される意味の単位である。述部は動詞・形容詞・形容動詞といった述語を構成する単語で、項はその述部によって関係づけられる名詞や代名詞である。図1-1に「1月の半ばに成人式を行うのは合理的でない」という文を命題で表現した。ボトムアップのプロセスとは、こうして読み取ったデータを積み重ねていくことで、命題間のつながりとして表象されるような文章の全体像を明らかにしていくプロセスである。

第1章　論理的読みの基盤

```
NOT 合理的 [行う [成人式]]
       └ いつ [半ば [1月]]
```

図1-1　「1月の半ばに成人式を行うのは合理的でない」の命題表現

1月の半ばに成人式を行うのはあまり合理的ではない。特に日本海側では■が降ることも多く，晴れ着を着て集まるのも大変な苦労である。

図1-2　トップダウン処理が必要な文章

　ではここで，図1-2に挙げた文章を見てほしい。この文章は，子どもが落書きしてしまったせいで読めなくなっているところがある。それでも，読者の多くは「読んで理解」できたと考えるのではないだろうか。図1-2の文章には，難解な専門用語が使われているわけではない。それでも，「意味のわからない部分」があることには変わりなく，ボトムアップのプロセスはここでつまずくはずである。にもかかわらず，私たちは，これを読んで「（おそらく）わかった」と言える。

　ここで働いているのが，読解におけるトップダウンの処理である。トップダウンの処理とは，読み手自身が持っている知識やスキーマ（Anderson & Pearson, 1984）を利用して，文章の表象を構築する方向で行われるプロセスである。これは，知識駆動型の処理とも呼ばれる。たとえば，図1-2の文章であれば，多くの読者が「成人式は1月である」「1月は真冬だ」「降るものといえば雨や雪，雹などがある」「日本海側は雪が多い」という知識に基づいて，理解できない部分を自然に「雪」であろうと推測することができる。つまり，知識がボトムアップのプロセスにおける探索範囲を適切に狭めるため，スムーズに推論が可能になり，それによって，文章全体の一貫した表象を構築することができるのである。一方，（多くの読者が持っているような）知識を持たない人（たとえば，日本になじみのない外国人）にとっては，この文章が表している情報を把握することは極めて困難なはずである。

　こうしたトップダウンのプロセスは，図1-2の例のように明らかに不明な個所があるときにだけ働くわけではない。私たちが意識せずとも図1-2の不明箇所を「雪」と推測できたように，文章を読んで理解しようとするときには絶えず知識からの影響があると考えられる。

　ここで，A君の「難しい漢字や専門用語が出てくる文章は読んでも理解できない」というコメントに立ち返ってみよう。確かに，A君が言うように，単語の意味にアクセスできないことは，読解を妨げる要因になる。しかし，関連する知識がある場合には，文脈から単語や文章の意味を把握することも可能である。文章の理解とは，情報

を一つずつ蓄積していくボトムアップのプロセスと，知識枠組みによるトップダウンのプロセスが相互に作用しあいながら，統合的な表象をつくり上げていくプロセスであると言える。

2．文章全体を理解する

次にBさんの意見を聞いてみよう。Bさんは，「わかったような気がしていたのに，テストのときに説明が書けないと，『わかってなかったんだな』と思う」と回答していた。同様に，Cさんも「読んでいるときに『わからない』という気持ちになることは少ないのだけど，レポートが書けなくて『ああ理解できてなかった』と思ったりする」と答えている。これらの回答は，A君の回答とは違い，文章全体を理解することについて言及したものである。

私たちが学習するとき，文章全体の理解を問われる。本書では，論理的な文章（説明文，論説文など）に焦点を当てて論じていくが，こうした文章の読解は，「教授・学習」場面において基本となる活動である。そのため，読んで「理解する」ことが求められ，その成果をテストや発表などで試されることも多い。こうした場面において，「しっかり読んだのに思い出せない」「理解できたと思っていたのに答えられない」という経験をすることがある。そのときに，私たちは読んで「理解する」ということの難しさを強く感じるのではないだろうか。

では，BさんやCさんの指摘している「文章全体の理解」の困難さは心理学の研究からはどのように説明できるだろうか。

（1）文章理解のモデル

文章の理解をモデル化する試みは数多くなされていて，先駆的な存在としては，構築－統合（C-I）モデル（Kintsch, 1998）が知られている。構築－統合モデルは，読解におけるボトムアッププロセスを基本としながらも，トップダウンプロセスを融合させ，文章全体を理解する読み手のプロセスをモデル化したものとして，多くの研究の理論モデルとして用いられている。

構築－統合モデルでは，読解によって構築される表象を，二つの軸から捉えている。第一の軸は，文字の符号化から全体像の把握へと「部分から全体」の方向性を持つ軸である。ボトムアップのプロセスを表す軸だといえるだろう。ここでは，文章中の命題の関連として示される部分的な要素をミクロ構造と呼び，文章全体を捉えたより上位の構造をマクロ構造と呼ぶ。

もう一つの軸としては，「文章（テキスト）そのものの把握から知識と統合した理解」の方向性が想定されている。文章に書かれている内容から直接意味を引き出す読解から，文章を自らの知識と統合して一貫した表象とする方向へと理解が深まる様相を示すものである。図1－1に示されているのは，文章中に明示してある情報を明示

> 赤ん坊が中隔欠損症を持つとき，血液は肺を通して十分な二酸化炭素の除去ができない。そのため血液は黒ずんでいる。

図1-3　中隔欠損症に関する文章（Kintsch, 1998；谷口, 2001）

したものであるから，「文章そのものの把握」と位置づけられる。こうした理解表象を「テキストベース」と呼ぶ。一方で，文章を「よく理解した」というときには，文章に示されていない情報も組み込んだ表象が構築されることが多い。

　Kintschが実験に用いた文章（図1-3）を題材に考えてみよう。この文章を読んだ後，「なぜ血液が黒ずむのか」という問いに答えることができるだろうか。心臓に関する知識がなく，書かれている内容だけの表象，すなわちテキストベースだけが構築されている場合には，このような問いに答えることはできないだろう。「なぜ血液が黒ずむのか」を記述した部分はないため，読み手のテキストベースにもそのような内容は含まれない。

　一方，心臓に関する知識を持つ読み手であれば，中隔というのは心臓の左右を分ける膜であること，それが欠損するということは，肺から送られてきた酸素の多い血液と全身から送られてきた二酸化炭素の多い血液が混ざってしまうこと，酸素の多い血液は赤みが強いこと，二酸化炭素の多い血液は黒っぽい色であること，を知っているだろう。こうした情報は，図1-3の文章にはまったく書かれていない。しかし，知識のある読み手がこの文章を「理解した」場合には，自分の知識を結びつけ，書かれている内容についてより精緻に把握することができる。このような，文章中の情報と読み手の持つ知識が切り離されておらず，統合されたときの理解表象を，構築−統合モデルでは「状況モデル」と呼んでいる。状況モデルを構築した読み手は，図1-3の文章を読んだ後で，「なぜ中隔欠損の場合に血液が黒ずむのか」に答えることができるのである。

　ここまでで説明した構築−統合モデルの観点から，BさんやCさんの「わかったように思ったのに『理解できてない』ことに気がつく」という「読んで理解することの難しさ」はどのように捉えられるだろうか。

　第一に，文章の全体像，すなわちマクロ構造の把握が困難であることが示唆される。「わからない」と感じることなく，すらすらと読み進められたのに，読み終わって一体どういう内容だったか説明できない，というときには，マクロ構造の把握が困難であることが想定される。

　また，一通りの説明はできるのだが，「なぜそうなるのか」「他の場合／状況ではどうか」といった質問をされると答えることができない，というときには，自分の知識と文章中の情報を結びつけて適切な状況モデルを構築することができず，テキスト

ベースのレベルでの理解表象の構築にとどまっていたことが考えられる。

（2）文章理解の困難に気づく

　前述したように，「読んで理解する」ことは，単に文字を読み単語の意味を一つひとつ取り上げていく単純作業ではない。文章全体について理解表象を構築し（マクロ構造），自分の知識とつなぎ合わせること（状況モデルの構築）がなされたときに，初めて「文章がよく理解できた」と言えるのである。

　一方，BさんやCさんの例にもあるように，「十分に理解できていないことに学習者が自分で気がつくのは簡単ではない」ということも事実である。中等教育までは，「読んで理解する」ことの困難さに気がつき，それを問題だと捉える学習者はあまり多くはない。たとえば，市川（1993）は，大学で報告された学習相談のケース報告88件のうち，「国語」が対象であったものは5件であったと記している。国語の学習指導の中には漢字や古典も含まれているため，現代文読解の学習相談はさらに少ないと考えられる。これは，たとえば算数や数学が苦手であるという対象者に対する相談ケース（55件）と比較してみると，ずいぶん少ないという印象を受ける。

　しかし，実際に学習相談を行ってみると，他の指導の中から読解の問題が見えてくることは少なくない。来談者数が少ないことは，「本当に読解に困難を持つ学習者が少ない」ことを示しているだけではなく，「読解の困難を認識しにくい」ことを表しているのではないだろうか。

　自分の理解状態についての理解は，「メタ理解」あるいは「メタ認知」と呼ばれる（三宮，2008；清水，2009）。メタ理解・メタ認知は，「自分の理解について知っていること（メタ認知的知識）」や「課題遂行における自分の認知状態のモニタリングとコントロール（メタ認知的活動）」を指す概念である。Nelson & Narens（1994）は，課題遂行における認知的活動に着目し，課題遂行そのものに従事することを「対象レベルの活動」，課題レベルでの活動をモニタリングし調整することを「メタレベルの活動」として整理している。

　では，読解におけるメタレベルの活動はどのようなものになるだろうか。読解においては，前述したボトムアップ・トップダウン両方向からの文章内容の理解表象構築が対象レベルでの活動と位置づけられる。ここで，ボトムアップ・トップダンの両方向から形成された全体的な表象について，その適切さを評価したり，矛盾や欠落がないかをチェックしたりする活動がメタレベルの活動として位置づけることができるだろう。メタレベルの活動が十分に発揮されると，読み手は「自分の理解表象が適切でない／矛盾している」といった問題に気づくことができ，その問題を解消するための対象レベルの活動を行うことができると考えられる。メタレベルでの活動が十分適切になされないと，理解表象に生じている問題を見出すことができず，不十分な理解であるにもかかわらず「よくわかった」と対象レベルでの活動を終えてしまうことにな

る。文章を読んで理解するうえで，こうしたメタレベルでの活動が十分に行われることが重要であるということがわかるだろう（メタ認知と理解モニタリングについては，第2章で取り上げる）。

　先に示した「読解に関する学習相談件数の（相対的な）少なさ」と潜在的に困難を持っている学習者の存在に見られるギャップは，こうしたメタレベルでの活動が読解において十分に発揮されず，「十分に理解できていないことがわからない」状態にある学習者の存在を示唆しているのかもしれない。理解表象の問題を見出せないことは，不十分な理解であるにもかかわらず，それで学習をやめてしまうことにつながるだろう。その後，テスト場面などで不十分さや矛盾が明らかになったときに，BさんやCさんのように「わかっていなかったのか」と初めて気づくことになるのである。

2節　読解に関連する情動的要因

1．読解に関する信念

　1節では，読解プロセスを心理学の観点から概観した。読解プロセスの中でも，マクロ構造を把握することや状況モデルを構築することが文章の理解において重要であり，その対象レベルのプロセスをメタレベルで把握し，調整していくことが必要であった。このように見てみると，「読んで理解する」プロセスは，たいへん能動的な努力の必要な認知的課題であると言えるだろう。しかし，学習者はそのように読解を捉えてはいない可能性がある。筆者が勤める大学の学生の1人であるD君も「とりあえず読んで理解できないということはあまりないはずだと思います。日本語だし。漢字が読めれば大丈夫じゃないですか？」と述べている。

　D君のような考え方は突き詰めると，「すらすら読むことができることと理解することは同じことだ」ということになるだろう。こうした読み手を欧米では，"word caller"と呼んでいる。学習者にとって，読解が自分自身のより積極的な関与が必要な主体的な活動であるということは自明ではないのである。確かに，年少の子どもの読解では，すらすら読めることが理解と大きく関わっている（Stanovich, 1999）。しかし，より年長になり，複雑な文章に取り組むようになると，符号化が流暢にできるか（すらすら読めるか）ということと，内容の理解が必ずしも一致しなくなる（RAND Reading Study Group, 2002）。こうなると，読み手の「読むということ」の理解が，実際に「読んで理解するために必要なこと」と一致せず，読解が困難になることが予想できる。

　知識自体をどのようなものと捉えるか，は「認識論的信念」と呼ばれる。認識論的

信念は，学習の在り方に大きな影響を及ぼすことは，いくつかの研究によって明らかにされてきた（たとえば，Kizilgunes et al., 2009）。D君や word caller 的な極端な捉え方ではないにしても，「読んで理解する」ことをどのように捉えているかは興味深い問題である。Schraw & Bruning（1996）は，読解の信念を「伝達（transmission）信念」と「変換（transaction）信念」という二つの方向から検討している。伝達信念は「筆者の意図に従って読む」こととして読解を捉え，変換信念は「読み手の意図によって解釈していく」ことを読解として捉える考え方である。Schraw & Bruning（1996）は，説明文読解後の解釈文を検討し，読み手の変換信念が高いほど質の高い解釈文を作成することを示している。読み上げることで意味を受容するのではなく，読み手が積極的に関わって意味をつくり上げていく，という信念が実際の読解に影響しているのである。

2．動機づけ

　また，読んで理解する際の動機づけにも着目する必要があるだろう。Guthrie ら（2007）は，読解における動機づけについて五つの側面を提示している。

　第一の動機づけの側面は，「興味」である。興味は「特定の領域に対する肯定的な志向性」（Schiefele, 1999）と表現できる。文章に対して読み手が感じる面白さは興味をよく反映するものであろう。興味の高さは，文章をよりよく理解しようとする姿勢に影響し，理解度とも関連することが知られている。

　第二の側面としては，「統制感」が挙げられる。統制感は，出来事が自分の行動によって引き起こされているという認識を持てることと定義できる（Rotter, 1966）。様々な研究が，統制感の認識が読解成績と関連することを示しており（Sweet et al., 1998），読み手の統制感を促進することが，よく読んで理解することによりつながると考えられる。Guthrie ら（2007）は統制感と関連する行動として読む本や文章の選択を挙げている。高学年児童へのインタビューの結果，自分で読む本や文章を選ぶことが，読み手の統制感を向上させるものの，両親や教師のような「信頼できる他者」のほうがよりよい選択をすると考える児童も少なくなかった。自分自身の行動だけでなく，親しく信頼できる他者の選択によっても動機づけの向上が見られるようである。

　第三に，「自己効力感」を挙げることができる。学習者が「自分は期待されているレベルで遂行することができる」と感じることができるかどうかが，学習者の取り組みと遂行成績に影響を与える。一方，Guthrie ら（2007）では，読み手が「読解力」という広い概念から効力感を判断しているのではなく，難しい単語の理解のような特定のスキルに基づいて考えることが示されている。A君のように，単語や文のレベルで「読んで理解する」ことと捉えている読み手も少なくない。このように考えると，自己効力感は，読んで理解することの認識論的信念との関連から検討する必要があり

そうである。

　第四の側面としては，「フロー体験」と呼ばれるような，夢中になって取り組む経験である関与の強さ（involvement）が挙げられる。こうした経験は，前述の興味だけでなく，読み手の読解力と課題の困難度の適切さによって引き起こされると考えられる。興味の側面が読むものの方向性と大きく関わるのに対して，時間や読解の量の多さにその特徴がある。

　最後に挙げられるのは「協調の側面」である。読んだ本に関してグループで活動することや，本の内容を他者と共有するといった社会的な行動の側面が，読解成績と関連していることが示されている。Guthrieら（2007）の検討からは，こうした行動が読み手の動機づけを高める程度には個人差があり，優れた読み手の中にもあまり協調的活動を行わないものもあることがわかった。また，一緒に活動する仲間がいるから読解においても協調するのであって，そうしたもともとの仲間関係なしに協調的活動が成り立つわけではないことも示唆された。こうした個人差を前提に協調の問題を捉える必要がありそうである。

　Guthrieら（2007）は，前述した動機づけの5側面について，小学生と教師を対象とした調査を実施した結果，物語文を読む際の動機づけと説明文や論説文のような論理的文章を読む際の動機づけの間に関連性が見られないことを明らかにしている。この点について，彼らは論理的文章に接する機会の少なさを指摘し，そのために論理的文章に対する動機づけが育成されにくいのではないかと考察している。論理的文章に対する動機づけは，物語文を読むときの動機づけとは異なる可能性がある。だとすると，論理的文章の特徴や目的をよく分析したうえで，どうすれば論理的文章に対する動機づけを高めることができるか，複数の側面から考えていくことが必要であろう。

3節 「読解力」を高める

　最後に，Eさんの意見を聞いてみよう。彼女は，「自分は読んで理解するということがとにかく苦手だ」「読解力っていうのは結局センスと読書量で決まると思うが，自分はセンスもないし本を読むのもキライだからあまり読書量もない」と言う。だからダメなのだそうだ。ここに示されているのも読解に関する一つの認識論的信念であろう。しかし，これは正しいだろうか。

　確かに，本章では，文章を理解することが複雑で困難な認知的課題であることを示してきた。だが一方で，前節では「積極的な努力の必要性」を強く認識している読み手のほうが，読解への自信が高いことも示されている。積極的な努力とは一体どのようなことをすることなのか。また，そのような努力は，Eさんが「センス」という言

葉で表現するように，固定的な能力なのだろうか。

1．積極的な読解とは

　まず，「積極的に文章に働きかける」とは一体どういうことなのか考えてみよう。読解に関する心理学の研究では，読み手が読解を促進するために意図的に行う様々な活動（思考・行動）を「方略（strategy）」と呼んでいる。「積極的に読む」こととは，すなわち「適切な方略を積極的に用いる」ことと言い換えることができる。

　では，読解時の方略にはどのようなものがあるだろうか。Pressley & Afflerbach (1995) は，読み手に「読んでいる間に考えていることを発話してもらう（発話思考）」ことを求め，そこで得られた言語報告をまとめた（表1‐1）。そこからは，読み手が理解のために様々な方略を用いていることが見て取れる。

　読み手が用いる方略はその後も多くの研究がなされたが，犬塚（2002，2008）は，先行研究に示されている方略を収集し，それらの構造を示すことを試みた。犬塚は，収集した読解方略項目の似たものを削除したり意味をはっきりさせたりして整理したあと，中学生・高校生・大学生にそれらの方略の使用頻度を回答させた。その結果，説明文・論説文の読解方略は，大きく「理解補償方略」「内容理解方略」「理解深化方略」という3因子と，3因子のもとに位置づけられる複数のカテゴリーという構造に整理できることが示された（図1‐4）。

　「理解補償方略」には，部分的・表面的なつまずきに気づき読み直しなどの行動をとる「コントロール」と，語や文の意味を理解しようとする「意味明確化」が含まれている。文章全体を把握するための方略というよりは，語や文のレベルで読みや意味を明確にするための方略であり，ミクロ構造を明確にするのに効果的だと言えるだろう。

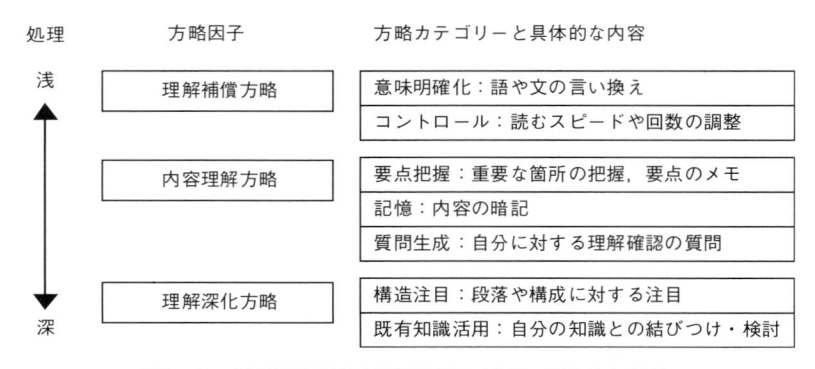

処理	方略因子	方略カテゴリーと具体的な内容
浅 ↑	理解補償方略	意味明確化：語や文の言い換え
		コントロール：読むスピードや回数の調整
	内容理解方略	要点把握：重要な箇所の把握，要点のメモ
		記憶：内容の暗記
		質問生成：自分に対する理解確認の質問
↓ 深	理解深化方略	構造注目：段落や構成に対する注目
		既有知識活用：自分の知識との結びつけ・検討

図1‐4　文章理解方略の3因子モデル（犬塚，2009より引用）

表1-1 読解時の方略の例 (Pressley & Afflerbach, 1995をもとに作成)

方略の役割	具体的活動例
予測，推測する	・ありうる解釈を仮説として立てる ・解釈に基づき，次の内容を予測する ・仮説に一致する／矛盾する情報を集める ・仮説を改訂する
重要情報を特定する	・目的に関連する情報を探す ・知識や文章中の単語から重要な箇所を決定する ・新たな内容を探す ・キーワードを探す ・トピック文，トピック段落を探す ・重要な箇所を書き抜いたり，印をつけたりする
推論する	・代名詞の先行詞を推論する ・欠けている情報を補う ・文や文章に暗示されている意図を読み取る ・情報を関連づけ，精緻化する ・著者の意図や信念を考える ・推論が正しかったか，後続の内容から確認する
部分を統合する	・詳細ではなく，全体像を把握しようとする ・文章の情報からマクロ構造を推定する ・部分的な内容が矛盾するときは，その部分か全体像を見直す ・部分ごとのまとめを書く ・部分ごとの内容を覚えておく ・文章構造や文脈から全体像を把握する ・読み直したりほかの部分を読んだりして情報を集める ・リストや要約，図を書く（描く）
モニタリング	・文章の特徴（難しさ，構造，ほかの文章との関連，テーマ的特徴，知識との関連）について認識する ・自分の目的について認識する ・自分の読み方や方略について認識する ・自分が用いている方略や読解プロセスの効果を認識する ・自分の処理能力や処理容量を認識する ・わからないところや理解が足りないところを認識する ・読解目的が達成できたかを検討する ・集中できない，読むスピードが速過ぎる（遅すぎる）などの問題を認識する ・わからない用語を認識する ・知識の不足を認識する
モニタリングに基づく読解プロセスの変更	・文章の特徴や課題要求に合わせた読み方をする ・飛ばして読む
解釈する	・言い換える ・状況をイメージする ・文章から経験や知識を想起する ・書いてあることではなく，著者が本当に伝えたいことを考える ・より普遍的なテーマに結びつける ・部分や全体をカテゴリ分けする ・違う視点から読もうとする

「内容理解方略」は，文章全体の理解に関わる方略であり，「要点把握」「記憶」「質問生成」の三つの方略カテゴリーが含まれている。「要点把握」文章の内容全体を捉え，含まれる情報の重要度による構造化を行うことであり，文章全体の理解プロセスにおいて中心的な役割を果たす方略カテゴリーだと言えるだろう。一方，「記憶」は書かれている情報を（理解を必ずしも経ずに）覚えようとする方略カテゴリーである。ここでは，わからなくてもとりあえず覚えておくことが目指される。本質的な理解につながらないようにも思われるが，他の方略と正の相関が示されていることから，一つの積極的な読解活動として位置づけられていると考えられる。さらに，「内容理解方略」の中に含まれる方略カテゴリーとして「質問生成」がある。これは，内容を理解したかどうかを自分自身に問いかける行動を指すものである。自分の理解プロセスをモニタリングするメタレベルの活動を促進するための方略としても位置づけることができるだろう。

　「理解深化方略」は，文章に明示されていない内容に注意を向ける方略である。「構造注目」は，文章構成を把握するため，接続詞や段落に注目する方略カテゴリーである。前述の「内容理解方略」に含まれていた「要点把握」は，明示されている情報をもとにマクロ構造を把握しようとする活動を示していたが，「構造注目」で注目するのは文字ではっきりと示される情報ではないという点が異なっている。もう一つの「既有知識活用」は，自分が持っている知識を現在読んでいる文章の情報と結びつけようとする活動である。これまでに挙げてきた方略カテゴリーは基本的にテキストベースの構築に関わるものであったが，この「既有知識活用」は状況モデルの構築が主たる目的となる方略であるといえる。

2．方略使用と指導の効果

　読み手が様々な方略を用いていることを示したが，こうした方略は読解に具体的にどの程度影響を与えるのだろうか。Cain ら（2004）は，中学2年生から高校1年生にあたる学年での縦断的な研究を行い，積極的な推論や理解のモニタリングを行うことが，文章の理解に貢献することを示した。Cain らの研究では，語彙力や単語理解のスピードといった基礎的な能力を考慮した場合でも，こうした方略的活動を行うことと成績の間に相関が見られた。つまり，中等教育レベルの学習者の読解力は，基本的な認知能力だけでは説明ができず，方略的な活動の在り方によって大きく影響されると考えられるのである。

　前述したEさんが考えているように，「センス」ですべてが決まるというわけではなさそうである。では，こうした方略は指導されれば身につけていくことができるのだろうか。そして方略を使うことでよりよく理解することができるようになるのだろうか。方略を指導しその効果を検討した介入研究の知見から，検討してみよう。

（1）方略を取り出して明示することの効果

　特定の方略に焦点化し，明示的に教示することで，対象者の読解成績がどのように向上するか，という問いに答えようとする研究が蓄積されてきた。このような指導は，いわば自然な読解や学習の場面から方略を「取り出して」明示することに特徴がある。このような方略を取り出して明示する指導の効果は，多くの研究により支持されている。たとえば，文章内容の要約を作成したり，知識マップにまとめたりすることがテキストベースレベルの理解を向上させることが示されている。また，状況モデルレベルでの理解に関しては，図の作成や，テーマに関して知っていることを尋ねるような質問を作成することなどによって知識を活性化させることが効果的であることが示されている（犬塚，2008）。

　ただし，方略の効果はすべての学習者に一律に発揮されるとは限らないこともまたわかってきた。特に読解成績が低い学習者のほうが，こうした読解方略を取り出して明示する指導の効果が発揮されるようである（秋田，1988；Gaultney, 1998）。これは，読解成績が高い学習者は，指導されずとも方略的活動を行っている可能性や，方略なしに記憶するなどの基礎的能力による処理が十分可能であった可能性がある。いずれにしても，「すべての学習者にこの方略を教えればよい」という特定の方略が存在するわけではなく，個々の学習者が必要としている方略を見極めて明示する必要があると考えられる。

　こうした方略指導の個別化は，通常の教室で実施するのは難しい点もある。一人（ないし少数）の教員が，個別の読み手の状況を把握し，それぞれに適した働きかけを行うことは困難であろう。こうした問題意識から，Meyerら（2011）は，ウェブベースの方略指導プログラムを作成し，読み手の状態に合わせて指導を柔軟に設定することの効果を検討している。

　Meyerら（2011）が注目したのは，文章の構造を活用する方略である。説明文や論説文に特徴的な文章の全体構造を学ぶとともに，文章中の談話標識（transition signal）に着目するという方略を用いることで，文章全体の理解を高めることが目指された。談話標識とは，「したがって」のような接続詞や「対象的に」のような副詞など，文章中の要点や重要な転換を示す言葉である。Meyerら（2011）は，教材の難易度と学習する方略の組み合わせを複数作成し，決まった順序で学習を進める「固定コースのプログラム」と，学習者の理解度によって次の教材と方略の組み合わせが変更される「個別コースのプログラム」を比較した。開発した指導プログラムでは，一つの教材を用いた読解課題ごとに要点がどの程度記憶されているかを測定した。個別コースのプログラムでは，その成績をもとに次の教材と指導内容が選ばれ，理解度が低かった学習者は，より容易な教材で同じ方略の練習を，理解度の高かった学習者はより発展的な課題を行うように設定されていた。それぞれのプログラムで学習した

学習者を比較した結果，個別コースのプログラムで学習した学習者のほうが，固定コースのプログラムで学習した学習者より，標準化テストの成績が高いことが示された。このように，学習者の特性に合った学習プログラムを実施することによって，「その読み手にとって適切な方略」を指導することが可能になると考えられる。

（2）複数の方略をパッケージ化する

ここまで，単独の方略に焦点化した指導を挙げてきたが，実際の読解場面を考えると，様々な方略を適切かつ柔軟に用いることも重要であろう。そのためには，方略を用いる訓練だけでなく，「どのような場面で」「どの方略を」用いるか，ということを身につける必要がある。実際，メタ分析の結果からは，複数の方略を組み合わせたアプローチのほうが，単独の方略を示した研究よりも効果が高いことが示されている（Pressley, 2000）。こうした観点から，複数の方略を組み合わせて「どのような場面で用いるか」という知識とセットにしたパッケージとして指導を行うことの効果が検討されている。こうした指導アプローチは，相互教授法（reciprocal teaching；Palincsar & Brown, 1984）や"Transactional Strategies"（Brown et al., 1996）といった指導方法として知られ，自己調整学習研究の領域において研究が盛んに行われている。

自己調整学習では，学習のプロセス全体を捉え，学習者が課題を遂行できるように自分の認知・情動・環境を調節していくことが目指される。そのため，読解の指導においても，目標設定とその目標達成に向けてのトレーニング，自己評価という段階が設定される。たとえば，Zimmerman ら（1996）は，読解における主題の同定と要約のトレーニングに際して，読解課題に取り組んでいる際に何回方略を用いて考えたか，あるいはいくつの主題を見つけたか，といった指標を用いて学習者に自己評価を行わせている。

（3）文脈の中で方略を学ぶ

ここまで紹介してきた方略指導は，自然な学習場面からは切り離したところで，方略を明示しトレーニングを行うところにその特徴があった。一方で，National Reading Panel（2000）は，これまでの研究を概観し，読解方略を学ぶ際には，体系的な教授が重要であるとともに，自然な文脈の中で学ぶことが効果的であることを指摘した。自然な文脈の中で方略を学ぶというのはどのようなことだろうか。

Guthrie ら（1998, 2004）は，CORI（Concept Oriented Reading Instruction）という読解指導方法を開発し，その効果の検討を行っている。CORI では，学習目標に沿ったテーマを設定し，そのテーマについて学習していく過程で資料やテキストの読解が位置づけられ，その読解場面で方略の明示的教授が行われる。したがって，方略指導の観点から見たときには，読解や読解方略だけを取り上げて個別的なトレーニングの場を設けるのではなく，より広い「テーマについての学習」という文脈の中で必

要な六つの方略（既有知識活性化，質問生成，情報探索，要約，図による整理，構造注目）が指導されるという点にCORIの特徴があると言えるだろう。

さらに，Guthrieら（2004）は，動機づけを高めるための働きかけと方略指導を統合することが必要であることを指摘している。彼らの研究成果として，動機づけの5側面が示されていることを先に述べたが，介入研究では，これらの動機づけの側面を高めるための原則として，①内容に即した目標設定，②学習者自身の直接体験や参加体験（Hands-on Activity），③複数の選択肢からの選択，④興味を惹く教材の利用，⑤読解指導における協調的活動の促進が挙げられている。これらの原則を満たしたCORIと，テーマ学習と方略指導のみを行う介入，通常通りの教師からの一斉授業を比較した結果からは，動機づけを高める原則を満たしたCORIに参加した学習者の読解成績が最も高くなったこと，また，動機づけや方略使用頻度についても，CORIに参加した学習者が最も高くなったことが示された。

3．まとめ

以上で述べてきたように，Eさんが考えているほど，読んで理解することはセンス頼みではないようである。適切な方略を学ぶことによって，よりよく読んで理解することができるようになると考えられる。方略の学習においては，特定の方略にのみ焦点化するより，課題において有効な方略のセットを実際の読解場面の中で学んでいくことが効果的であると考えられた。また，動機づけを高めることが読解を向上させるうえで重要な役割を果たしていることもわかる。

4節　カリキュラムとしての読解指導とその評価

前節の検討からは，論理的な読みの基盤となる力を身につけるためには，学習場面における統合的なアプローチを通して，方略を明示的に学ぶことが重要であるということがわかる。

一方，これまで意見を聞いてきた5人の大学生は，前節までの内容を学んだ後，「読むということのイメージが変わった」「これまでに『読み方』を教わったという経験はほとんどないと思う」と述べていた。では，実際の教育の現場で，論理的な読みはどのように指導されているのだろうか。本節では，公教育における読解指導の在り方について検討してみよう。実際に説明文や論説文の読解はカリキュラムの中でどのように位置づけられているのだろうか。

1. 読解のカリキュラムと学習者の認識

　新しい学習指導要領を見ると，国語の授業の中で積極的に読んで理解する力をつけることを目指していることがわかる（表1-2）。たとえば，小学校3・4年生の指導目標として「目的に応じ内容の中心を捉えたり段落相互の関係を考えたりしながら読むことができるようにする」ことが挙げられており，要点把握や構造注目のような方略の指導が期待されていることがわかる。小学校5・6年生の指導内容には「必要な情報を得るために，効果的な読み方を工夫する」ことが示されており，積極的に方略を用いながら読むよう指導するべきであることが指摘されている。また，指導内容においては，「目的に応じて内容を大きくまとめたり，必要なところは細かい点に注意したりしながら文章を読む」ことが記されており，より大きな文脈の中で読解を行うことや，その中で方略的に読むことを想定していると考えられる。

　一方，方略や読み方が具体的に明示されているのは，前述した要点把握や構造注目に関するものがほとんどで，そのほかの方略については具体的な読解行動に結びつくような記述が少ない点も指摘できる。

　ここからは，カリキュラムの中で，要点把握と構造注目という方略が特に重視されていて，それ以外の方略については明示的に取り上げられにくいことが予想される。犬塚（2008）は，大学生を対象とした調査を行い，この予想に沿った結果を示している（図1-5）。多くの大学生が要点把握方略と構造注目方略を学校で学んだと回答している（それでも半数に過ぎない）が，質問生成方略や既有知識活用方略については，使用頻度も低く，「教わっていない」と回答する者が多くなっている。既有知識活用方略に関しては，表1-2に示した新しい学習指導要領では取り上げられるように

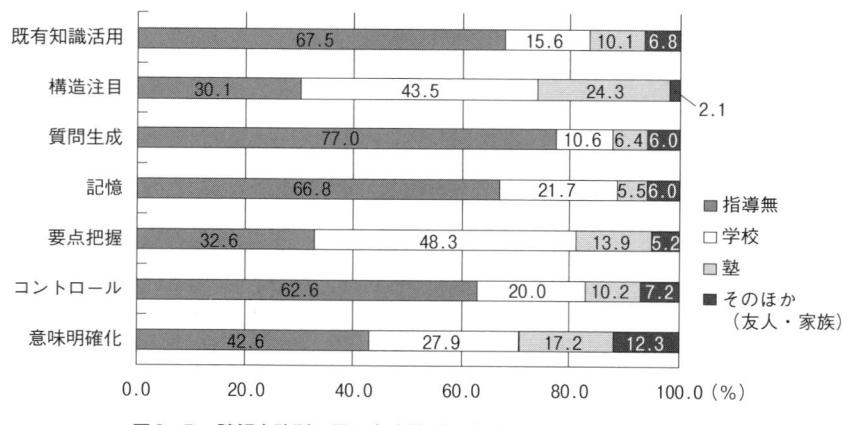

図1-5　読解方略別に見た方略学習経験（犬塚，2008をもとに作成）

第1章　論理的読みの基盤

表1-2　新学習指導要領における論理的文章の読解方略に関わる記述

学年		読解方略や読み方に関する記述 (「各学年の目標および内容」における記述箇所)	関連する方略
小学校	1・2	・時間的な順序や事柄の順序などを考えながら内容の大体を読む（2内容C(1)イ）	要点把握
		・文章の中の大事な言葉や文を書き抜く（2内容C(1)エ）	要点把握
		・文章の内容と自分の経験とを結び付け（て，自分の思いや考えをまとめ，発表し合う）（2内容C(1)オ）	既有知識活用
	3・4	・目的に応じ内容の中心を捉えたり段落相互の関係を考えたりしながら読む（1目標(3)）	要点把握
		・目的に応じて，中心となる語や文をとらえて段落相互の関係や事実と意見との関係を考え，文章を読む（2内容C(1)イ）	構造注目
		・目的や必要に応じて，文章の要点や細かい点に注意しながら読み，文章などを引用したり要約したりする（2内容C(1)エ）	意味明確化，要点把握
	5・6	・目的に応じ，内容や要旨を把握しながら読む（1目標(3)）	要点把握
		・目的に応じて，文章の内容を的確に押さえて要旨をとらえたり，事実と感想，意見などとの関係を押さえる（2内容C(1)ウ）	要点把握，構造注目
		・目的に応じて，複数の本や文章などを選んで比べて読む（2内容C(1)カ）	犬塚（2002）にはない方略
中学校	1	・目的や意図に応じ，様々な本や文章などを読み，内容や要旨を的確にとらえる（1目標(3)）	要点把握
		・文脈の中における語句の意味を正確にとらえ，理解する（2内容C(1)ア）	意味明確化
		・文章の中心的な部分と付加的な部分，事実と意見などとを読み分け，目的や必要に応じて要約したり要旨をとらえたりする（2内容C(1)イ）	要点把握
		・本や文章などから必要な情報を集めるための方法を身に付け，目的に応じて必要な情報を読み取る（2内容C(1)カ）	方略全般
	2	・目的や意図に応じ，文章の内容や表現の仕方に注意して読む能力，広い範囲から情報を集め効果的に活用する（1目標(3)）	方略全般
		・抽象的な概念を表す語句（中略）に注意して読む（2内容C(1)ア）	意味明確化
		・文章全体と部分との関係，例示や描写の効果（中略）を考え，内容の理解に役立てる（2内容C(1)イ）	構造注目
		・文章に表れているものの見方や考え方について，知識や体験と関連付けて自分の考えをもつ（2内容C(1)エ）	既有知識活用
	3	・文脈の中における語句の効果的な使い方など，表現上の工夫に注意して読む（2内容C(1)ア）	意味明確化
		・文章の論理の展開の仕方（中略）をとらえ，内容の理解に役立てる（2内容C(1)イ）	構造注目
高校		・必要に応じて要約や詳述をしたりする（第1　総合　2内容　C(1)イ）	要点把握
		・文章の構成や展開を確かめる（第1　総合　2内容　C(1)エ）	構造注目
		・文章を読んで，構成，展開，要旨などを的確にとらえ，その論理性を評価する（第4　現代文B 2内容　C(1)ア）	要点把握，構造注目
		・語句の意味，用法を的確に理解する（第4　現代文B 2内容　C(1)オ）	意味明確化

17

なっているが，旧学習指導要領（平成10年度の改訂）にはほとんどその記述は見られなかった。質問生成方略や既有知識活用方略が，方略指導の研究において頻繁に取り上げられる方略であり，読解に対する有効性が繰り返し示されているものであることを考えると，これまでの日本の教育カリキュラムの中で方略指導が十分になされているとは言えなかったようである。表1-2に示した新学習指導要領では「目的に応じて」「知識と結び付ける」といった観点が増え，こうした読解方略指導における変化も期待される。

この調査は，大学生を対象としたものであるが，実際に国語科の授業を見ていると，授業の中で様々な活動を取り入れており，方略の指導がなされていないわけではないということにも気がつく。犬塚（2008）では中学生に対するインタビューを行い，中学生が学校の国語の授業の中で行われる方略的活動（重要箇所に線を引くなど）をどのように受け止めているかを尋ね，この離齬を検討している。犬塚の調査では，46名の中学生のうち，44名が，国語の授業において方略的活動を行っていると答えていた。しかし，その活動を「自分が実際に行うべき方略」として認識していたのは14名にとどまり，多くの中学生は「先生が指示するからやっているだけ」「自分が読むときには関係ない」という認識を示していた。学校で指導では，方略が明示的に示されていないために，授業の中だけで行うこととして認識されてしまうところがあるようである。

前節に述べたように，「自然な文脈において，方略を明示的に指導すること」が重要であることから授業の中の活動として方略的活動を行うのではなく，「理解が必要な文脈」の中で，理解するという目的のもとで適切な方略を用いる経験が重要であろう。自然な文脈における明示的な方略指導を実現するためのカリキュラムが必要である。

2．読解の評価

次に，説明文や論説文の評価がどのようになされているか検討してみよう。読者には，ご自身が受けてきた読解のテストを思い返してほしい。それらのテストでは，どのような理解表象が問われていただろうか。試みに，平成23年度の大学入試センター試験の国語本試験問題から論説文の問題を取り上げ，「ミクロ構造－マクロ構造」「テキストベース－状況モデル」といった二つの軸から検討してみよう。

まず，「ミクロ構造－マクロ構造」の軸から考えてみよう。平成23年度の問題では，鷲田清一の文章の一部を掲載し，その内容について六つの問いを設けている。そのうち四つの問いが，特定の文の意味の解釈を問う問題になっている。ここでは，文章全体の理解は必ずしも必要ではなく，関連する部分同士のつながりが理解できているかが問われている。一方，表現効果について「議論を中断し問題点を整理して新たな問

いを立てようとしている……」「行き詰った議論を打開するために話題を転換」などの選択肢を提示して尋ねる問いも1問あった。これは，文章全体の展開や構造の理解について問うているものであり，マクロ構造の理解を問うものと言える。また，文中で引用されている論の位置づけを問う問題もあり，これも文章全体の構造を問うものであり，マクロ構造に関する問題である。このように見てみると，6問のうち，4問がミクロ構造に関する問題であり，文章全体のマクロ構造を問うものは2問であったと考えられる。

次に，「テキストベース－状況モデル」の軸から検討してみよう。前述のように六つの問いは，提示されている文章内に閉じた問題になっている。読み手自身の知識との結びつきを示す状況モデルが問われる問題はないと判断できる。ベネッセ教育研究開発センター（2006）は，高校入試問題の分析を行っているが，そこでも，学習者の知識との関連づけが必要な，状況モデルの在り方を問うような出題（テキスト内容の熟考・評価）は少数にとどまっていることを示している。

ミクロ構造を把握することやテキストベースを的確に構築することは重要である。また，入試の制約を考えると，マクロ構造や状況モデルのレベルでの出題には様々な困難が予想される。大学入試，特にセンター試験は非常に多くの受験者が受けること，そのためマークシート形式での評価が可能な形にしなくてはならないこと，などを考えると，受験者の知識によって変化する状況モデルを評価することは大変難しいだろう。

しかし，マクロ構造や状況モデルの観点から理解を問われる経験が少ないことは，学習者の論理的読みに対する認識論的信念をより限定的なものにしてしまうのではないだろうか。また，読解の困難を認識しにくいことの理由の一つに，アカデミックな場面で問われる理解がミクロ構造やテキストベースが主体であるために，「全体を理解する」という意識を持ちにくいということが考えられるのではないだろうか。こうした評価の問題について，一朝一夕に改善を行うことは難しいが，論理的読みの基盤となる力の育成において，考えていかなくてはならない点である。

5節　本章のまとめ

本章では，論理的読みの基盤となる力とはどのようなプロセスによって実現されるのか，またそのプロセスをどのように促進できるのか，という点について，大学生の「読んで理解すること」に関する素朴な認識に沿って概観した。読んで理解するというときに，言葉の意味にのみ注目しやすいが，むしろ全体像を把握する段階での難しさに目を向けることが必要である。また，「読解力」は「生まれつきの能力」のよう

に捉えられることもあるが，読解方略の指導効果を検討した研究からは，方略を学ぶことによってよりよく理解できるようになることが示されていた。こうした方略は，動機づけに考慮しながら文脈の中で明示的に指導されることが特に重要であったが，そのような指導が教育カリキュラムの中に十分に実現されているとは言えない。また，論理的な読みの評価が，学習者自身の知識との関連づけを問うような理解を含んでいないことが多く，論理的な読みに対する認識論的信念が狭小なものになってしまうことが危惧された。論理的な読みの基盤となるプロセスや介入方法について数多くの研究がなされてきたものの，カリキュラムの中での実現にはまだ課題が残されている。

第2章 高次リテラシーとしての批判的読解

1節 生きる力としての読解力

　私たちは，文章を読むことで，新しい知識を獲得している。第1章でみてきたように，教育心理学領域におけるこれまでの文章理解研究から，読み手の知識や情動，方略によって理解が構築されていくことがわかっている。また，文章の記憶や理解に影響を及ぼす読み手の要因として，文章構造や文章の内容に関する既有知識などが注目されてきた（たとえば，Kintsch, 1998）。状況モデル構築に関する研究が進められた結果，文章理解過程における読み手の要因（知識や方略）が注目されるようになった。このことは近年の文章理解研究における大きな成果の一つであるだろう。

　一方，読解内容が正しいことを前提に，文章からいかに意味ある表象を構築していくかという点に焦点が当たっていた，という点は，従来の文章理解研究の限界として指摘できる。私たちが普段目にする文章の多くは，正しさが保証されないものだからである。

　また，同じ読み手が同じ文章を読む場合であっても，その目的によって，形成する理解表象が異なる可能性がある。たとえば，同じ学術論文を読む場合でも，レポート作成の資料とする目的で読む場合と演習などにおいて批判的に検討する目的で読む場合とでは，読み手の理解は異なるだろう。前者の場合には文章内容を正確に表象することが最大の関心事となるが，後者の場合には正確な表象だけでなくそれに対する批判的思考に基づいた発展的な理解構築が必要とされる。このように，文章理解研究は，題材となった文章を読む目的すなわち読解における目的性も含めた枠組みで捉える必要がある。

　批判的な読解や目的に応じた読解は，多くの大学生がつまずくところでもある。「読んで理解する」ことについて様々な認識論的信念を持っていた大学生が第1章に登場していたが，彼らは「ちゃんと読んでいるつもりなのに，先生からは『もっと批判的にならなくちゃだめだ』って言われてしまう」「読んで要約もできたけど，そこから課題を見つけろって言われてもどうすればいいのかわからない」という悩みも抱えて

いるのである。これは，彼らがそれまで「何のために読むのか」ということを主体的に意識せずにいたこと，そして，読む文章が常に正しいことを想定していることを表していると言えるだろう。そこで本章では，「理解すること自体を目的に」「教科書や正しいことが前提の説明文を読む」ということを超えて，私たちが生きていくために必要としている読解力について考えていきたい。

2節　高次リテラシーとは何か

　まず本節では，「高次リテラシー」が生きていくために必要であることを指摘したい。リテラシーという言葉は，「書き言葉を正しく読み，書くことができる能力」という意味で一般に用いられ「読み書き能力」と訳されることが多い。しかし，「高次」リテラシーというときは，(a)高度職業専門人に必要とされる能力と，(b)市民として高度知識社会に参加したりそうした社会の中で生涯学習を続けたりするために必要な能力，の二つを指し（小林，2010），より高度な知識体系の中で必要なリテラシー（読み書き能力）として位置づけられている。本章では，特に読解に注目して議論を進めることとする。

　高等教育における読解のつまずきは，高次リテラシーを獲得し，それを発揮することの困難として捉えられる。大学入学後，学習者が目にする文章は，より抽象度の高い用語や概念を含むようになる。従来は，そうした用語や概念を自ら理解していく力を持った学習者のみが高等教育に進んでいたが，大学入学者のすそ野の広がりから，自力での理解が難しい学習者の問題として浮かび上がってきた。これは，「高等教育が不要な層が大学に来ている」のではなく，高度知識社会に参加する必要のある層の厚みがますます増しており，「従来以上に多くの人に高等教育に進むことの必要性が高まっている」と考えるほうがよいだろう。このような，内容自体の抽象性の高さや難しさを乗り越えて理解ができることも高次リテラシーとして望まれる力だと言える。

　一方，中等教育までで身に着ける読む力を「基礎的リテラシー」とすると，それは文章そのものの把握，すなわちテキストベースの理解が中心であったと言える。しかし，OECD生徒の学習到達度調査（PISA）では，「読解リテラシー」として，文章からの情報を正確に抽出する力だけでなく，内容を吟味したり評価したりする力を問うている。自らの知識と結びつけた状況モデルの構築と，内容を吟味する批判的読解が重視されていることがわかる。このように考えると，基礎的なリテラシーとしての「テキストベースの構築」と同時に，より高度な「状況モデルの構築」と「批判的読解」の両方が重視されていると言える。高等教育の中では，専門的・学術的な内容について，これらの読解リテラシーを総合的に発揮することをが望まれている。このよ

うな「抽象性の高い難しい内容について」「テキストベース，状況モデルを構築し」「その内容を批判的に吟味する」ことが総合的に高次リテラシーと呼ばれる読解力のより具体的な内容だと言えるだろう。

多くの大学生が，基礎的リテラシーは身についているものの，高次リテラシーに関してはほとんど指導を受けない状態で高等教育に上がってくる。一方で，多くの大学教員が，学生が高次リテラシーを発揮することを求めている。このギャップが，学生たちの悩みのもとになっていると言えるだろう。

3節 批判的読解とは何か

高次リテラシーのうち，状況モデルの構築については第1章で述べた。そこで，本章では特に「批判的読解」に焦点を当てて議論を進める。批判的読解とは，批判的思考を適用した読解過程である。では，批判的思考とはどのように定義されるだろうか。

実は，「批判的思考」に関しては今までのところ明確な統一的定義づけがなされていない。その理由として，課題に応じて様々に概念的定義がなされおり，包括的概念としての批判的思考を定義することが困難であること（道田，2004；Paul, 1995）が指摘される。こうした定義の多様さから，批判的読解のパフォーマンスを測定する標準的な課題は，これまでに開発されていない。批判的読解の概念的定義が多様なため，課題内容や材料文の作成が困難なのである。本章では，高次リテラシーの観点から批判的読みとはどのようなものか定義し，考察を進めることとする。

一般に，「批判」という日本語には否定的なニュアンスがあり，「批判的（思考）」というと，「揚げ足取り」や「文句をつける」といったイメージをもたれることもあるようである。一方，「批判」の語源を考えてみると，そうしたニュアンスは必ずしも含まれていない。「批判」という語は英語の critical の翻訳語である。critical の語根である cri の語源はギリシャ語の krinein であるとされ，「決断する，判断する」という意味を表している。また，同じ語根を持つ criteria は，「判断の道具」を表す語である。すなわち，特定の道具を用いた判断・決定が「批判」という語の表す意味だと考えられる。このとき，判断の道具とは，何をもって決定するかという基準や枠組みを指していると言えるだろう。そこで，本書では，批判的（思考）とは「一定の基準や枠組みに基づいた判断・決断を行うこと（思考）」と位置づける。

ここから，「批判的読解」とは，一定の基準・枠組みに基づいて，文章内容について何らかの判断を行う読みを意味するものと定義できる。では，より具体的にどのような「基準・枠組み」に沿って私たちは判断を行っているのだろうか。本節では，推論能力と領域知識の二つの観点から批判的思考について考察する。

1. 形式論的推論能力

　批判的読解と言ったときに期待されるのは,「主張と根拠の適切性を判断する」「一貫性の欠如を見抜く」といった文章内容における推論の適切さの判断に関わることが多い。したがって,批判的読解に関わる概念として「推論能力」を想定することができる。このように考えると,批判的読解は,特定の読解課題においてより適切な推論を行うことだと言いかえられる。

　現在一般的に用いられている批判的思考力テストとして,Watson‐Glaser Critical Thinking Appraisal（日本語版として,改訂日本語版ワトソン・グレーサー批判的思考力テスト）や,コーネル批判的思考テストがある。ワトソン・グレーザー批判的思考力テストは,被験者の非形式論理的な推論能力の測定を目的として作成されている。改訂日本語版ワトソン・グレーザー批判的思考力テストを用いて,大学生の批判的思考力の測定を行った先行研究においては（たとえば,久原ら,1983）,被験者は短い文章を読んだ後,各設問に答えるという手続きが用いられている。各設問は回答者にある特定の状況を想定させ,必ずしも形式論理だけでは答えられないように設定されている。これらの設問に対して,被験者は想定した問題状況に対して最も合理的な回答を推論によって導き出すという方法で回答を行う。たとえば,久原ら（1983）では,5〜10文程度の文章を「事実」として提示し,提示された事実から導かれる推論の正しさを判定させている（図2-1）。図2-1に示された「事実」を見て「ベン・

　事実の記述のあとに,可能だと思われる推論がいくつか並んでいます。それぞれの推論を別々に検討して,正しいか誤りか,またその程度を判定してください。

選択肢：真,たぶん真,材料不足,たぶん偽,偽

ベン・カーターはA州最初の新聞の編集者である。彼は父の経営する印刷所を手伝いながら独学した。彼が編集した最初の新聞は,1710年9月25日A州の首府で発行されたが,その日のうちに州知事によって発行を禁止された。ベン・カーターはこれに屈せず,なおも自分の小さな新聞を発行しつづけ,書きたい記事を書くために長いたたかいを続けた。これは今日も続いている出版の自由を守るための努力のなかで,一つの重要なエピソードになっている。

推論1：A州知事は,ベン・カーターの新聞の発行禁止処置は知事の権限内にあると考えた。
推論2：ベン・カーターは自分の興味や目的に取りついたら離れない,頑固な人間だった。
推論3：1710年ごろのA州では,言論の自由が全面的には認められていなかった。
推論4：この最初の新聞には,A州知事を攻撃する記事が書かれていた。
推論5：ベン・カーターは,彼が編集した新聞のために,その後も幾度も罰金を払わねばならなかった。

図2-1　批判的思考力テスト問題例（久原ら,1983をもとに作成）

> 下に並べられた4枚のカードについて,「表が母音ならば裏は偶数である」ことを確認するためには,どのカードの裏を見る必要があるだろうか?
>
> K   2   A   3

図2-2　4枚カード問題

カーターは頑固だった」というような推論をすることは実際にはよくあるだろう。しかし,「事実」のみを根拠に考えると,そのような推論は材料不足であって適切な推論とは言えない。一方で,言論の自由が全面的に認められているとは言えないことは,新聞の発行が禁止されたという「事実」からわかることである。推論の正しさを適切に判定できるかどうかが,回答者の非形式的な推論能力を表していると考えられる。

　藤岡(1987)は,上記の手続きを用いて批判的読みの測定を行うと同時に,被験者の高度な推論能力を要する「4枚カード課題」(図2-2)を実施した。4枚カード問題では,被験者は演繹的な推論を適切に行う必要がある。演繹推論の形式に当てはめると,前件肯定と後件否定が正しいので,「母音(前件肯定)」と「奇数(後件否定)」について確認する必要があることがわかる。しかし,多くの人は「母音のカード」の裏を確認する必要があることは推論できるものの,「奇数のカード」の裏を確かめる必要があるという推論を行うのに失敗してしまう。また,「偶数のカード」の裏を確かめるという間違った推論を行うことも多い。この課題は,形式的論理的な推論能力を測定する課題として多く用いられている。二つの課題間の成績の関連を検討した結果,有意な相関が見られ,批判的読解力と高度な推論能力には関係があることが明らかとなった。

　以上のように,ワトソン・グレーザー批判的思考力テストと推論課題の関係を検討した先行研究からは,批判的読解においては,読み手の高度な形式論的推論能力が重要であることがわかる。ただし,この場合の批判的読読解は,対象となる文章の長さが比較的短いことや,文章自体は「事実」として提示される場合であることには留意が必要であろう。通常,私たちが批判的読解を期待される文章はより長く,また,どこまでが事実であるかが明確ではない場合のほうが多いからである。

2. 領域固有の知識・熟達

　上で述べたような推論能力は,どのような状況でも同じように発揮されるものだろ

うか。心理学の研究からは,「領域固有の熟達」が大きく関わっており, 文脈や状況, 課題によって発揮される能力に違いが見られることが示されている。こうした「領域固有性」は批判的読みにも見られるだろうか。

　ある領域に熟達することには, その領域について豊富な概念的知識を身につけ, その領域でのやり方（スキル）が身につくことだと言える。これらの知識やスキルは, その領域特有のものが多く含まれる。ある領域で熟達した人が, 他の領域でも同様に優れているわけではない。領域によって遂行プロセスや結果に違いが生じることを領域固有性と呼ぶ。

　領域固有性は, 特殊な課題においてのみ見られるわけではない。最近の研究では, 4枚カード問題などに適用される推論能力も, 課題の当該領域に応じた領域固有性を有することが明らかになっている（Toplak & Stanovich, 2002；Sa et al., 1999）。たとえば, Toplak & Stanovich（2002）は, 大学生を被験者として, 高度な合理的思考力や推論能力を要する9種類の選言的推論課題と, WAIS-Rなどの4種類の認知能力測定課題を設定し, 異なる種類の選言的推論課題間で認知能力との関係がどのように異なるかを検討している。高度な思考を必要とする課題成績に大きな違いがなく, 認知能力からの影響を一様に受けるのであれば, こうした思考力は領域普遍的なものだと言えるだろう。しかし, 検討の結果, 選言的推論課題間で正答率に大きな違いが見られ, ある課題に正答する人が別の課題でも正答するわけではなかった。そして, 概ね課題成績と認知能力の間には正の相関が見られたが, いくつかの課題成績は認知能力の影響を受けていないことが明らかとなった。以上の結果から, Toplak & Stanovich（2002）は, 高度な水準の合理的思考力や推論能力は, 領域固有性を有していることを明らかにしたと言えるだろう。

　前節で述べたように, 藤岡（1987）は, 高度な水準の推論能力と批判的読解との間に関係があることを見出している。藤岡（1987）とToplak & Stanovich（2002）の知見を合わせて考えると, 批判的読解にも文章内容の当該領域に応じた領域固有性があることが仮定される。

　批判的思考の領域固有性は, 近年の批判的思考研究における重要な研究テーマの一つとして捉えられている。道田（2004）は, 批判的思考概念の多様性についてレビューを行い, 批判的思考研究において, 論理主義－脱論理主義, 評価－創造, 評価－理解, 技能・結果－態度・過程など多くの概念軸があることを示している。その中の一つとして, 領域普遍性－領域固有性という軸を規定している。道田（2004）は, Ennis（1985）や楠見（1996）の知見に基づき, 領域普遍性－固有性に関する最も一般的な見方としては,「批判的思考自体は領域を越えたものだが, 特定の文脈でうまく働かせるためには領域固有の知識が必要だ」というものだと述べている。以上のように先行研究を概観すると, 文章理解を批判的に行うことにも, 高度な水準の合理的

思考力や推論能力が関わっているが、それらは適用される課題状況に影響を受けるという意味において、領域固有性を持っていると仮定することができる。そこで本節では、領域固有の知識に焦点を当てて、批判的読解との関連を検討する。

(1) テキストベースの構築と領域知識

　文章内容に対する読み手の既有知識量が多い者ほど、文章読解に関わる課題成績が高くなることが多くの先行研究より明らかにされている（たとえば、Kintsch, 1998）。Wolfe ら（1998）では、あらかじめ既有知識の査定が行われた大学 2 年次生を被験者として、中学校の教科書から 1 種類、大学の教科書から 2 種類、医学雑誌から 1 種類の文章をそれぞれ引用し、文章の理解の困難さと学習材料としての適切性に関する評定が行われた。その結果、中学校の教科書、大学の教科書、医学雑誌の順に理解の困難さが上昇することと、大学の教科書が学習材料として適切であるという評定がなされた。被験者が既有知識に基づいて文章内容の理解度と学習可能性を正しく判断できることがわかる。

　Zeitz（1994）は、高校生、エンジニアリングの博士号取得者、英文学の博士号取得者がそれぞれ、詩、科学に関する文章を読んだ結果について分析した。その結果、初心者（高校生）はどちらの文章材料に対する逐語的記憶成績および要約課題成績も熟達者（博士号取得者）に比べて低かったこと、熟達者は初心者よりも課題成績がよかったこと、また、熟達者は、それぞれが専門とする領域について、対する領域の熟達者よりも課題成績がよかったことを示した。Chase & Simon（1973）などは、熟達者は、熟達した領域における再生成績が初心者よりもよいことを示しているが、Zeitz（1994）は、逐語的な記憶成績だけでなく、要約課題にも同様の傾向があることを示した。要約課題では、単に書いてあったことを羅列的に記憶するのではなく、専門的な内容における重要な情報の選択と要約、そして予期などの活動が必要である。したがって、大学における専門教育による知識の充実が、関連情報の記憶だけでなく、読解プロセスを変化させることが示唆されたと言える。

　これらの研究は、領域固有の知識が読解力の向上につながることを明らかにしたと言えよう。しかし、どのような領域知識が、どのように読解を促進するのか、といった点はまだ明らかではない。また、どのような専門教育が、その領域での読解力の育成に効果的であるのか、という教育プログラムの開発の面からの研究も必要だと言える。

(2) 批判的読解と領域知識

　以上のように、従来の研究では、文章内容の理解（特にテキストベースの構築）に及ぼす既有知識の影響が調べられている。しかしながら、批判的読解に既有知識がどのように影響するかを調べた研究は数少ない。その中で伊東（1992）は、心理学系の学術論文を題材として、心理学の学位取得者と学部 1 年次生を被験者として、心理学

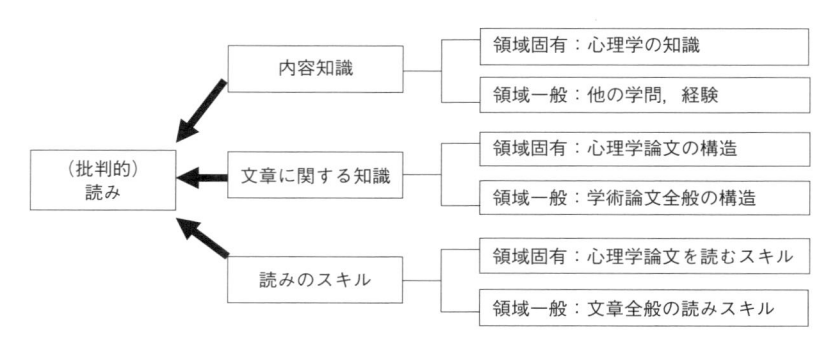

```
                    ┌─────────┐   ┌───────────────────────┐
                    │         │───│領域固有：心理学の知識      │
                    │内容知識  │   ├───────────────────────┤
                    │         │───│領域一般：他の学問，経験   │
                    └─────────┘   └───────────────────────┘
┌───────┐     ↓
│(批判的)│    ┌───────────────┐   ┌───────────────────────┐
│読み    │ ← │文章に関する知識│───│領域固有：心理学論文の構造 │
│       │    │               │   ├───────────────────────┤
└───────┘    └───────────────┘───│領域一般：学術論文全般の構造│
     ↑                            └───────────────────────┘
                    ┌─────────┐   ┌───────────────────────┐
                    │読みのスキル│───│領域固有：心理学論文を読むスキル│
                    │         │   ├───────────────────────┤
                    └─────────┘───│領域一般：文章全般の読みスキル│
                                  └───────────────────────┘
```

図2-3　専門的な読みに影響する要因（心理学論文の場合）

系の学術論文を批判的に読むことを求めた課題を実施した。その結果，学位取得者は考察部分に対する言及が多く，学部学生は方法部分に対する言及が多かったことが明らかとなった。このことは，批判的読解の過程においても，文章内容に対する既有知識量が読解に適用される批判的思考の，とりわけ質的な側面に影響を及ぼすことを示唆している。

　しかしながら，伊東（1992）の手続きは，心理学の学位取得者と学部1年次生の比較を行うものであった。そのため，文章内容に対する既有知識量とともに当該領域の学術論文を読む経験も課題成績に影響を及ぼしていたと考えられる。読む経験が豊かであることは，論文の構造のような「文章の書き方に関する知識」や，それを用いた「読み方の知識」，そして，それらを実際の読みでスムーズに適用するスキル，といった点にも差異が生じる。したがって，心理学の領域における内容の知識が批判的読解に影響するというだけでなく，こうした「文章の書き方や読み方についての知識とスキル」が影響する可能性が考えられる。また，こうした知識とスキルには，その学問領域特有の特徴と，広く学術研究に共有される特徴を考えることができる（図2-3）。

　今後の研究では，これらの要因をそれぞれ独立に検討する必要がある。なぜなら，領域に関係なく学術論文の読み経験が批判に影響を及ぼす場合，当該領域に応じた読解指導の必要性は低減するからである。逆に，領域に応じた読解指導の必要性が示唆された場合は，具体的にはどのような読解指導モデルが有効であるかについての検討が必要となるだろう。

3．態度と一般的認知能力

　批判的思考には，上で述べたようなスキルや能力の側面だけでなく，態度や信念といった情動的な側面が関わっている。一般的に，ワトソン・グレーザー批判的思考力テストのようなテストで測定されるのは，批判的思考の能力的側面であるとされる。こ

表 2-1　批判的思考態度尺度の項目例（平山・楠見，2004 をもとに作成）

論理的思考への自覚	複雑な問題について順序立てて考えることが得意だ
	考えをまとめることが得意だ
探究心	色々な考え方の人と接して多くのことを学びたい
	生涯にわたり色々なことを学び続けたいと思う
客観性	いつも偏りのない判断をしようと思う
	物事を見るときに自分の立場からしか見ようとしない（反転項目）
証拠の重視	結論を下す場合には，確たる証拠の有無にこだわる
	判断を下す際には，できるだけ多くの事実や証拠を調べる

れに対して，個人特性としての批判的思考態度の測定尺度として，平山・楠見（2004）の批判的思考態度尺度がある。平山・楠見（2004）は，先行研究をもとに尺度を構成し，批判的思考態度を構成する因子として「論理的思考への自覚」，「探究心」，「客観性」，「証拠の重視」の四つを提案した（表 2-1）。つまり，論理的に考え伝えることを自覚的に行い自身の能力やスキルに自信を持っていること，多様な文化や考え方を知ることに積極的であること，客観的多角的な検討が重要だと考えること，さらに，意思決定に際しては証拠を重視すること，が批判的思考態度を構成しており，批判的思考スキルと相互に影響し合っていると考えられる。

しかし，先行研究においては，実は，批判的思考の能力と態度の相関係数は低いことが多い（たとえば，平山ら，2010；沖林・古本，2009；West et al., 2008）。これら先行研究が示唆することは，批判的思考の能力と態度は比較的独立に機能するということである。批判的に思考しようとする人が，的確に批判的思考を行うわけではないし，批判的思考ができる人であっても，批判的に思考しようとするとは限らないのである。

一方，批判的思考の能力と一般的な認知能力は，0.3 程度の相関が得られている。すなわち，一般的な認知能力は，個人特性のような行動傾性的側面よりも，結論導出に適用される推論などの能力的側面と関連すると言える。

ここで，領域固有性について振り返ってみると，Toplak & Stanovich（2002）や道田（2001）が示しているように，選言的課題や日常生活に即した材料では個人差が大きく，一般的な認知能力課題とは相関が見られる。問題解決における領域固有性とは，一般的には問題の質の違いを意味すると考えられるが，批判的思考における領域固有性とは，状況性と対応するのではないだろうか。このように考えると，批判的思考の能力と態度に関連が見られないことも，問題状況に対する個人特性の反応の個人差として解釈することができるだろう。

4節
理解モニタリングと批判的読解

　高次リテラシーを発揮するためには，読解の「目的」が重要な意味を持つ。目的としては，「書かれた内容をまんべんなく理解すること」だけでなく，「新たな課題を見出すこと」や「不適切な記述がないか確認すること」，あるいは「関心下のテーマについての情報を抽出すること」などがあるだろう。それぞれの目的のもとで，適切な読解が進められているかと判断することが，高次リテラシーという観点からは重要である。

　したがって，特定の目的のために読む活動を行うときには，その目的が達成されているかどうかを判断する必要がある。このとき，理解モニタリングの働きが重要な役割を果たす。理解モニタリングは，第1章（本書p.6）にも述べたように，認知レベルでの活動の適切さを評価したり，矛盾や欠落がないかをチェックしたりする活動である。Flavell（1979）は，幼児や児童の記憶発達に関する研究の成果に基づき，モニタリングをメタ認知による認知の評価過程と定義した。ここで，まず読解過程における理解モニタリングについてより詳しく説明しよう。

1．読解過程における理解モニタリング

　読解活動における理解のモニタリングは，わからない単語や理解できない部分の処理に関わっている（Brown, 1980；Hacker, 1998；Markman, 1985）。私たちは，モニタリングの機能によって，文章内容に関して，理解できたこととできなかったことの判断を的確に行えるようになる。その判断に基づいて，わからない単語の推測や，前後のつながりの推論，要点に留意した要約を行うのである。読み手が，文中のわからない部分を既有知識と結びつけて判断したり，重要な内容を抜き出したりするためには理解モニタリングが不可欠なのである。

　理解のモニタリングは，「認知」と「メタ認知」の二つの過程により構成される（図2-4）。「認知」とは，文章の内容を把握し表象を構築する過程である。ここでは，読解方略を実行し，文章の語彙的，統語的，意味的判断を通して統一的な文章内容の表象を構築する（たとえば，Kintsch, 1998）。一方，「メタ認知」は，「認知」過程において形成された一時的な理解について，その内部や既有知識との間を比較，参照を行う過程である。「認知」と「メタ認知」との間に，モニタリング，コントロールと命名されている矢印がある。モニタリングとは，当該の読解活動をそのまま進行するかどうかの判断に関わっている。読解した内容と，それまでに構築した表象，および著者の意図や読解の目的が類似していれば読解を進め，相違があれば読解を中断する。類似点がモニタリングされれば読解の進行が指示され，相違点がモニタリングされれ

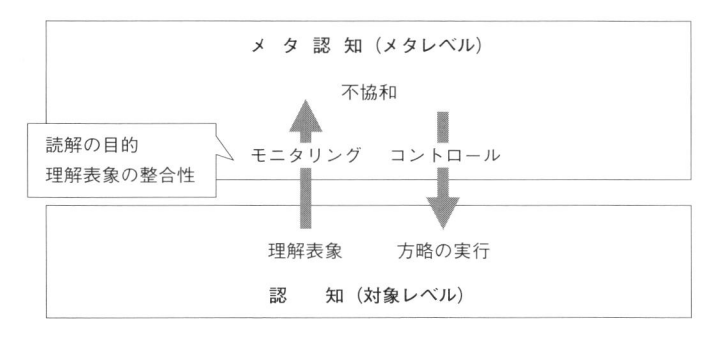

```
         ┌─────────────────────────────────────┐
         │      メタ認知（メタレベル）          │
         │              不協和                  │
  読解の目的  │         ↑      ↓                │
  理解表象の整合性 │   モニタリング  コントロール      │
         │                                     │
         │      理解表象    方略の実行          │
         │         認　知（対象レベル）         │
         └─────────────────────────────────────┘
```

図 2-4　読解における認知とメタ認知

ば読解の失敗が示される。このように，モニタリングは文章の読解の進行を助ける機能を持っている。構築された表象とモニタリングとの間の不協和が生じた場合，不協和を解消するべきかどうかがモニタリングされ，不協和を解消するためのコントロールが働く。コントロールの働きによって，問題修正の機能を持つメタ認知的な読解方略が用いられる。したがって，メタ認知の過程では，自身の既有知識や当該の読解活動の目的の理解が重要な役割を果たすと言えるだろう。

伝統的に読解の研究は文章の内容や形式に注目してきた。しかし，Casanave (1988) は，読解における理解のモニタリングの機能について，「文章理解の成否は，読み手の適切な内容や形式に関するスキーマへのアクセスの成否によってのみ決定されるわけではない。文章内容の理解や適切な方略使用に関する読み手自身の理解のモニタリング能力にも起因する」と指摘している。Casanave (1988) の指摘は，理解のモニタリングが，読解過程に広く関わり，理解の成否を決める要因であることを示唆するものであった。近年の研究としては，Elshout-Mohr & van Daalen-Kapteijns (2002) が，文章内容と読み手の既有知識が有意味に結びついて理解されるためには，モニタリングが効果的に意識化され，活性化されていることが必要であることを明らかにした。

2．批判的読みと理解モニタリング

上述したような理解モニタリングの働きは，批判的読解における重要な認知過程として位置づけることができる。一貫性の欠如に気づき指摘することは批判的読みの代表的な現れとしてみることができるからである。たとえば，矛盾する情報が含まれる文章を読んだ際には，整合的な理解表象を構築することはできないので，「理解できない」という理解モニタリングがなされるはずである。こうして見出された「不協和」の解消のためのコントロールの働きにより，問題を修正しようという試みが起こ

ると考えられる。ここで,「文章中に矛盾する情報がある」ことを不協和の原因として見出すことが,「一貫性の欠如を指摘する」ことにつながると考えられる。

しかし,理解モニタリングが十分に働かない場面が数多くあることも同様に指摘されている。Markman（1979）は,小学校3年生と6年生に文章を読ませ,おかしいと思うところがなかったか尋ねた。皆さんは,表2-2の文章を読んで,おかしいなと気づかれたところがあるだろうか。この文章をよく読むと,ありは「特有の匂い」を発する化学物質を頼りに帰巣することが述べられた後に,「鼻がない」と書かれていることに気がつく。しかし文章の中では,どうやってその「特有の匂い」を知覚するのかが明確に示されてはいない。このように明らかな矛盾があるにもかかわらず,小学校3年生も6年生も,この矛盾を指摘することは少なかった。

筆者は,表2-2と類似した,矛盾を含む文章を四つ（矛盾箇所は五つ）提示し,大学生がどの程度矛盾を指摘するかを測定した（Inuzuka, 2004）。文章全体を見せず一文ずつしか提示しない,矛盾箇所を離して提示する,という違いはあるが,大学生でも平均正答率は6割程度であった。明らかな矛盾があっても,平均すると4割程度を見逃してしまうことになる。「鼻以外の器官があるのだろう」と推測したのではないか,という反論も可能だが,事後のインタビューでも「気づかなかった」という反応が多かったことや,矛盾情報が提示されても読解が遅くなることが少なかったことからは,モニタリングに基づいて推測したという場合より,モニタリングに失敗したという場合のほうが多いのではないかと推察される。

一般に,批判的読みが必要とされる場面では,ここで示した実験のように矛盾が明白ではなく,また複数の文章を検討しないとならない場合が多いだろう。批判的読みの基本は理解モニタリングであるが,より複雑な状況において効果的にモニタリングを行うためにはどうしたらよいのか,という点について明らかな答えはいまだに見出されていない。先述したElshout-Mohr & van Daalen-Kapteijns（2002）も,理解モニタリングの重要性と同時に,向上させる教示が難しいことを指摘している。

表2-2　矛盾検出課題例（Markman, 1979をもとに作成）

すべてのありには共通する点がいくつかあります。たとえば,ありは驚くほどの力持ちです。体重の何倍もの重さのものを運ぶことができます。時には,自分たちの巣からはなれて遠くまでえさ探しに行きます。遠くに行きすぎると,帰る道がわからなくなってしまいます。そこで,家に帰る道を見つける特別な方法を使います。行く先々で,体から特有の化学物質を出すのです。これは,目には見えませんが,特有の匂いを持っています。それから,ありのもう一つの共通点として,鼻がないということが挙げられます。しかし,家に帰るのに迷うことはありません。

5節
批判的読解力を育てる

　本章では、批判的読解において、領域一般の推論能力だけでなく領域固有の知識に着目すること、理解モニタリングが重要であることを指摘してきた。本節では、これまで述べてきた視点から、批判的読解を促進するための介入について提案する。

1. 読みの目的と理解モニタリングの育成

　理解モニタリングの育成は、第1章に挙げた読解の指導においても検討がなされているが、ここでは、読みの目的を重視した読解指導を取り上げ、批判的読解にどのようにつながるかを再検討する。

　まず、相互教授法を取り上げる。相互教授法は、Brownら（Palincsar & Brown, 1984）を中心に研究・開発された読解指導法であり、読解における「要約」「質問作り」「明瞭化」「予測」の四つの方略の育成を目的としている。

　Palincsar & Brown（1984）に基づくと、このプログラムの基本的な手続きは以下のようなものである。学習は、ひとりの教師と複数の生徒により行われる。教師はまず生徒たちに読解方略の模範を示す。そして、自発的な討論や上述の四つの読解方略を必要とする議論を含んだ対話を行い、教師と生徒は交互にリードしながら文章を読み進めるという練習を行う。練習後、教師はグループに文章の一節を割り当て、一節ごとに一人の生徒をリーダーに任命する。グループは割り当てられた一節を読む。一方、リーダーに任命された生徒は、その一節を「要約」し、テストで聞かれそうな点について、互いに「質問作り」を行ったり、難しい点を議論したりすることを促す（「明瞭化」）。一方、聞き手役の生徒は、リーダーが文章を説明したり明瞭化したりするのを助ける役割を果たす。そして最後には、その物語で次に何が起こるかを「予測」する。このような手順で、どの生徒も交替でリーダーとなって、文章内容を協力して理解するというグループの共通の目標に取り組む。

　このような読解活動の中で、生徒たちには、教師から当該の読解活動に関する様々な目的が与えられている。たとえば、リーダーは、グループの理解を促進するフィードバックを与えることを目的としている。一方、他の生徒は、リーダーのフィードバックの要旨を共有することを目的としている。このように、生徒たちは、読みの過程で四つの読解方略に関する個別の機能だけでなく、それらの目的に応じた適切な使い分けも学ぶのである。

　相互教授法の効果に関しては、多くの追認データが得られている（Hacker & Tenent, 2002；Lysynchuk et al., 1990；レビューとして、Rosenshine & Meister, 1994）。わが国における、中学生や大学生を対象とした応用的実践例もある。ここであらため

て相互教授法について言及したのは，この手法が「目的に応じた方略の使い分け」を重視しているためである。単に方略の機能を学ぶだけでは，理解状況に応じた柔軟な方略の使用は難しい。「使い分け」に着目するというのは，理解モニタリングの機能を高めることに着目がなされているということでもある。

ただし，相互教授法に関する研究の多くは，パフォーマンスの変化に注目しているため，理解モニタリングの機能がどのように高まったのかを明らかにしているものではない。理解モニタリングの機能が高まることが，批判的読解につながると考えると，今後は，相互教授法における各手続きが，読み手の読解力育成，とりわけ理解モニタリングに関してどのような効果を持つのかについて詳細に検討することが重要である。そこから，目的性のある読解を目的とした指導における教授学習プロセスを明らかにすることができるだろう。

2．文脈の中での方略指導

次に，文脈の中で体系的に学ぶことで批判的読みの力を育成する方向について述べたい。文脈の中での方略教授の有効性が高いことは，これまでの読解指導研究をまとめた National Reading Panel（2002）においても指摘されている。こうした指導の例として第1章で取り上げた CORI（Guthrie et al., 1998, 2004）が挙げられる。CORIでは，伝統的な指導形態では，個別の学習事項とされることを，統一的なテーマのもとで取り上げる。たとえば，「気候」「季節」といった個々の学習項目ではなく，「昆虫の生息環境と適応」といった統一的テーマを設定するのである。その統一テーマに関する学習の1フェイズとして読解活動が位置づけられ，そこで実際に必要とされる方略を明示的に指導していく。学習者は最終的に学んだことをまとめ，説明を通して共有することで理解をより深める。Guthrie ら（1998）は，CORI と伝統的な教授法とを比較し，内容理解だけでなく方略使用の促進という点においても CORI が優れていることを示した。より現実的な学習場面の中で，読解方略を指導することの効果が示された研究と言えるだろう。

こうした文脈の中での体系的な指導を，批判的読解の指導においても実践することが有効なのではないだろうか。沖林（2004）は，心理学論文の批判的読みに着目し，模擬的な査読を行う課題を実施した。「査読」とは，「学術誌に投稿された学術論文を当該領域の専門家が読み，その内容を審査・査定したり掲載の可否を判断すること」である。沖林（2004）は，実際の大学のゼミで模擬的な査読を取り入れている実践にヒントを得て，その活動が批判的読みに与える影響を実験的に検討している。これは，心理学のゼミという統一的な文脈の中で，批判的読解のスキルを実践的に学ぶ場として機能していると言えるだろう。

沖林（2004）は，この模擬的な査読課題において，心理学論文を改編し，不明確な

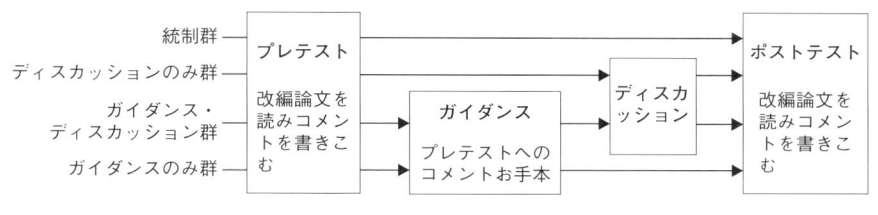

第2章 高次リテラシーとしての批判的読解

```
統制群 ──────┐
ディスカッションのみ群 ──┤  ┌─────────┐          ┌──────┐          ┌─────────┐
ガイダンス・       ├─→│ プレテスト  │    ┌→│ガイダンス │→┐ ┌→│ディスカ │→┐ ┌→│ ポストテスト │
ディスカッション群 ──┤  │ 改編論文を │    │ │プレテストへの│ │ │ ッション │ │ │ │ 改編論文を │
ガイダンスのみ群  ──┘  │ 読みコメン │────┤ │コメントお手本│ ┘ └──────┘ │ │ │ 読みコメン │
                      │ トを書きこ │                                │ │ │ トを書きこ │
                      │ む      │                                │ │ │ む      │
                      └─────────┘                                │ │ └─────────┘
```

図2-5　沖林 (2004) の実験デザイン

部分を意図的に作った「査読用の論文」を用いている。この論文を査読し，不明確な部分を適切に指摘できるかどうかを批判的読みの測度とした。実験では，プレテストとして査読課題を行った後，「ガイダンス」を提示された群とされなかった群を比較している（図2-5）。ガイダンスとは，プレテストで用いた論文について，その改編箇所の不明確さを指摘するコメントをつけたものである。ガイダンスを読んだ群は，ガイダンスを提示されなかった群と比較して，プレテストにおいて改編箇所の指摘が多く，ガイダンスを提示されることが特定の専門領域における読み手の批判的読解を向上させたと言えた。

また，沖林 (2004) では，ガイダンスの有無に加えて，参加者間で各自のコメントについての「ディスカッション」を実施することの効果を検討している。その結果，ガイダンスとディスカッションのそれぞれに効果が見られ，ガイダンスを提示されることや，ディスカッションを行うことによって，批判的読みが向上したと考えられた。ただし，ディスカッションには，不適切な個所でのコメントも増加させる効果が見られた。ガイダンスのような方向性やお手本の提示なしに，ディスカッションを行うことは，批判的読解への積極的な態度を高めるものの，スキルの向上という意味では十分ではないかもしれないことが示唆されたと言えるだろう。

CORIにおいても，沖林 (2004) の実験においても，指導者（ガイダンス）が検討する枠組みや検討のための方略をある程度明示的に示している点，他者との相互作用を通して方略を学んでいく点が共通している。こうした点は，第1章で紹介したように，読解指導の研究を通して指摘されてきたことである。しかし，批判的読解においても，これらの原則が重要な意味を持つことが示唆される。

35

6節 複数のテキストの統合

最後に，より現実場面に近い批判的読解のアプローチとして，複数テキストの批判的統合を取り上げる。複数テキストの統合とは，出所情報やテキストとしてのまとまりによって互いに区別される二つ以上の書かれたテキストを関連づける認知的過程を伴う処理のことを指す（小林，2010）。小林（2010）は，複数テキストを関連づける際，複数テキストを批判的に吟味し関連づけながら，それらのテキストに書かれた事情を推理したり論点に関して判断を下したりする過程とその所産（心的表象や文章など）を，特に批判的統合としている。

1. 複数テキストの読解における信念・態度

Bråten ら（2011）によると，複数テキスト理解に関わる認識論的信念には「単純性」，「確実性」，「情報源」，「正当化」の四つの次元があるとされる。単純性次元の信念では，知識は理論的であり複雑なものであるとされる。確実性次元の信念では，知識は暫定的であり進化的なものであるとされる。情報源次元の信念では，知識は熟達者から伝達されるものであるとされる。正当化次元の信念では，知識は理解や探究過程，複数の知識に関する情報源の相互チェックを経て正当化されるものであるとされる。

また，複数の情報に基づいて結論を導出する過程における信念と批判的思考態度の関連については，平山・楠見（2004）の研究があげられる。ここでは，環境ホルモンが人体に悪影響を及ぼすかどうかについて，複数の情報を吟味した後に結論を導出するという課題が実施された。このうち，「不確実」「曖昧」という情報に対する正しい

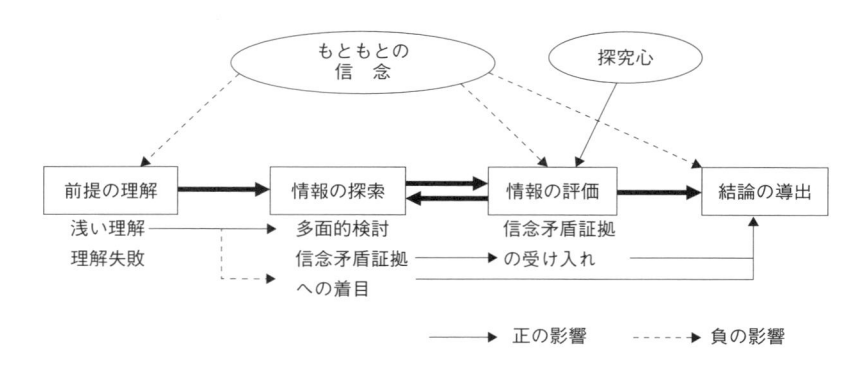

図2-6 複数の情報をもとにした結論導出プロセス（平山・楠見，2004をもとに筆者が改変を加えて作成）

結論を導出できたものは 37％であった。正しい結論に至るまでのプロセスを図2-6に示した。自分がもともと持っていた信念に矛盾する情報に着目するかどうか，また新年に矛盾する情報を証拠として受け入れるかどうかが，この批判的統合課題においては重要であることがわかる。このプロセスに，態度や信念がどのように影響しているかに注目すると，まず，もともとの信念が，前提の理解や情報の評価，結論の導出に負の影響を持つことがわかる。一般に言われるバイアスの存在がここに示されていると言えるだろう。一方で，結論導出プロセスにおける情報の評価段階，すなわち信念矛盾情報の受け入れに対して批判的思考態度の「探究心」が正の影響を持つことがわかる。

Bråten ら (2011) は，「正当化」を一貫性評価に関する志向性として位置づけているのに対して，平山・楠見 (2004) は探究心を態度として位置づけているという違いはあるが，スキル以外の情動的要素が複数の情報の一貫性評価に関わるという点では共通していると言える。批判的思考態度 (平山・楠見，2004) の探究心の尺度を見ると，「いろいろな考え方の人と接して多くのことを学びたい」「自分とは違う考え方の人に興味を持つ」というような，Bråten ら (2011) における，「正当化」次元に対応するような項目で構成されており，両者の共通点を見ることができる。また，結論を導くためのプロセスにおいて，複数の情報における一貫性評価の過程が重要な役割を果たす点も一致していると言えるだろう。

2．批判的統合のための指導

小林 (2010) は図2-7のような図式によって批判的統合に対する教授介入の対象領域を示している。「テキストの評価」とは，目的に応じて参照したテキストを取捨選択する機能と，その後の利用に対する予期的判断からなるとされている。「テキスト間関係の理解」は，複数テキスト間の，とりわけ矛盾や対立に気づく過程であるとされている。「裁定」は，テキスト評価とテキスト間関係の理解をふまえて，事象を推理したり論点に関する判断を下したりする過程とその所産であるとされる。

小林 (2010) は，これら複数テキストの批判的統合の構成要素を示したうえで，テ

	テキスト評価	テキスト間関係の理解	裁定
方略利用	a	b	c
課題表象	d	e	f
個人的認識論	g		

図2-7　批判的統合に対する教授介入の対象領域（小林，2010 より）

キスト間関係の理解と裁定に関わる研究の少なさを指摘している。本章で取り上げた先行研究においても，その多くで用いられていた材料は単数テキストであり，かつ裁定に関わるような，読み手の状況や目的に即した課題を設定した研究は見られない。以上の複数テキストの批判的統合アプローチをふまえると，教授学習プロセスを精緻化するだけではなく，現実の読み手の課題状況を再現することが，研究の展開として示されていることがわかる。

7節　本章のまとめ

　本章では，高次リテラシーとしての批判的読解の特徴とその育成について概観した。批判的読解は，PISAのほか，OECD高等教育における学習成果の評価（Assessment of Higher Education Learning Outcomes：AHELO）の一般的技能の一領域（OECD, 2010）においてもその重要性が指摘されている。こうした背景からは，批判的思考の研究や教育への関心が高まっていることが示唆されるが，高い教育政策的要請にもかかわらず，系統的な研究を支える概念的な定義づけは行われていない（沖林，2004）。わが国では2005年以降高次リテラシーが読解研究のキーワードとして位置づけられるようになり，以来，高次リテラシーとしての批判的読解の研究が盛んになってきたと言える。

　本章では，高次リテラシーの観点から批判的読解を定義し，研究知見を概観し，教育への示唆を探った。まず，批判的読解に関しては，形式的推論の能力だけでなく，態度や，領域固有の知識，理解モニタリングの機能が関わっていることを示した。次に，こうした観点からは，批判的読みを促進するためには，文脈の中で体系的に教授されること，相互教授的環境やディスカッションのような他者とのやり取りを通しての支援が必要だと考えられた。

　最後に，複数テキスト理解における批判的読解について触れた。読み手の個人特性と読解過程，そして多様な情報の比較過程を包括したアプローチに関するさらなる研究が必要だろう。楠見（2009）は，読解過程を含む言語と思考の最近の研究は，実験的アプローチ，認知モデリングアプローチ，脳神経科学的アプローチの三つに分類されるとしたうえで，今後の研究の指針として，心理学的実在性の認識の重要性，多角的多層的アプローチの重要性，そして社会的文脈・外界との相互作用の重要性を指摘している。本章のテーマである高次リテラシーとしての批判的読解の研究に対しても，この枠組みを適用することができる。高次リテラシーや批判的思考，批判的読解という言葉を共有するだけでなく，研究や教育の内容を共有し，知見を積み上げていくことが必要である。そのためには，多角的多層的アプローチや社会的文脈をふまえた研

究を行う必要がある。

【謝辞】
本章執筆にあたり沖林洋平氏（山口大学）に多大なる協力をいただいた。また，研基盤A「21世紀市民のための高次リテラシーと批判的思考力のアセスメントと育成」（研究代表者：楠見孝），および科研若手B「批判的思考力育成のための同期的・非同期的な複合的ディスカッション環境の開発」（研究代表者：沖林洋平）に一部助成を受けた。

第3章 非連続テキストと デジタルテキストの読解

1節　読む対象の変化

　第1章と第2章では,「紙に文字で書かれた連続的な情報」の読解について論じてきた。「連続」というのは, 文章を読む際の, 私たちの処理の仕方が, 基本的に文のはじめから順に文字を処理していく方向で直線的に進行していくことを指している。また, 紙に書かれた読解対象を, 本章では「プリントテキスト」と呼ぶ。連続的なプリントテキストを読むことは, 文字の誕生以来, 私たちが新たな情報を得, 知識を獲得するための手段として用いられてきた。

　一方, 十数年前までは特殊な人々のものであったインターネットは, 近年の技術革新から, すべての人に開かれたものになった。その結果, 私たちは, わからないことや知りたい情報があったときに「インターネットに接続して検索し, 多くの情報にアクセスし, それを『読む』」という行動をとることができるようになった。

　この変化は, 読解対象の変化につながっている。単にメディア（媒体）が変わるというだけでなく, 読解対象が「非連続」になることを含意している。たとえば,「リンク」によって複数の文章がつながっていたり, 文章と画像, 動画がリンクされているとき, 私たちの「読解プロセス」は, 文字を順に処理していくだけでなく, 階層の異なる情報を統合しながら進行していくことになる。電子教科書の導入も検討される中で, こうした新たな対象を私たちがどのように読むか, を考えていく必要がある。そこで, 本章では「プリントテキスト（紙に書かれた読解対象）」と「デジタルテキスト（電子媒体における読解対象）」において, 非連続型テキストを「読む」ことの特徴と, 私たちが直面している課題について検討する。

2節　プリントテキストにおける非連続の情報読解

　プリントテキストも, 必ずしもすべてが連続的な情報のみで構成されているわけで

はない。図や表は，プリントテキストにおける非連続の情報提示である。心理学研究において，図表がいかに読解を促進するか，それはどうしてか，という問いを立てた研究も盛んに行われている。

　図があることや"視覚的な"表現を行うことが読み手の理解を促進することは，経験的にもよく知られており，説明文やプレゼンテーションにおいてもよく用いられている。ただし，どのような図でも理解を促進する効果を持つわけではないのではないか。Larkin & Simon（1987）は「なぜ一つの図が千の言葉に値するのか」と題した論文を発表し，図の効果を検討している。この中で，LarkinとSimonは，図の効能として，関連情報をグループ化しまとめて表現することが重要であることを指摘した。関連情報がまとめて表現されることで，関連情報を探して記憶するという認知的負荷を軽減することが可能になる。これらの認知プロセスにおける負荷の軽減が，示されている内容の理解を促進する働きを持つと考えられる。どのような図でも理解促進効果が発揮されるわけではなく，図が「情報を適切にまとめて認知的負荷を軽減するものであること」が重要だということができる。

　文章理解の観点からの研究としては，岩槻（2000，2006）を挙げることができる。岩槻（2000）では，CD録音の仕組みに関する説明文（図3-1のa）を大学生に読ませた。その際，仕組みを表すグラフ（図3-1のb）をともに提示した条件と，グラフを提示しない条件を比較すると，グラフを提示された条件において理解度が高いことがわかった。

　さらに図の効果について詳細に検討するため，岩槻（2006）は，説明文からの理解構築と図によって得られる効果を分けて検討している。岩槻（2006）では，まず説明文のみを読ませた。読解後に，理解した内容を記述させ，状況モデルのレベルでの理解度測定を行った。その後，仕組みを表すグラフ（図3-1のb）を提示し，再び理解度を測定したところ，読解後に本質的な記述を行った読み手には変化が見られなかったものの，不十分な記述しかしなかった読み手の成績が向上した。この研究からは，図が理解に有利な図的表象構築を促進，もしくは代替する機能を持つことがわかる。すなわち，文章のみから本質的な構造を読み取ることができない場合に，図の提示は補償的な働きをすることができ，状況モデルの構築が促進されるというプロセスが示唆される。

　また，情緒や注意にも図の効果は現れると考えられる。たとえば，図があることで，興味を惹いたり，「面白そうだ」という意欲を高めることがあるだろう。また，読み手の注意を惹き，適切な方向に向けることもできる。前述のような理解プロセスへの影響だけでなく，興味や意欲，注意といった側面に図の効果があることで，結果的に理解が高まることも考えられるだろう。

　一方，図が効果を発揮するためには，いくつか読み手が備えていなくてはならない

> CDの仕組みはどのようなものだろうか。レコードとは異なり，音波の連続的な変化をそのまま記録するわけではない。まず，連続的な音波を時点で細かく区切る。それから，各時点での音量を調べる。たとえば，ある音楽の音波の連続的変化は，音量が時間の経過とともに増えたり減ったりするものだったとする。時点1では音量は8，時点2では13，時点3では8，時点4では5というように各時点の音量を調べるのである。時点ごとの音量を調べるので，CDに録音された音は元の連続した音波と異なり不連続なものである。

(a) CDの仕組みに関する説明文

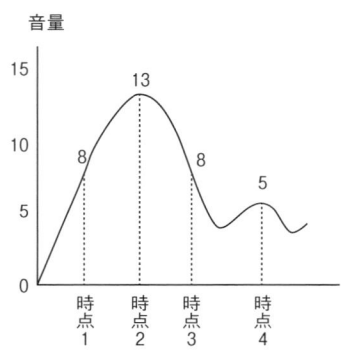

(b) 説明文の例の内容を表したグラフ

図3-1　CDの仕組みに関する説明文とグラフ（岩槻，2000，2006より）

条件がある。

　第一に，図を処理するための認知能力（空間図形の操作などに必要な処理能力）が必要である。文章から空間的な状況モデルを構築する際にもこうした能力は必要となる（Friedman & Miyake, 2000）が，提示された図を理解する際にも空間的処理が必要だろう。したがって，空間的処理を行う認知能力が十分でなければ，図の効果は発揮されないと言える。

　第二に，図による促進効果を得るためには，図に関する知識が必須である。岩槻（2002）は，グラフに関する知識とグラフが提示された文章の理解について調べている。その結果，知識の多い読み手は提示されたグラフを使おうとし，またグラフから重要な情報を引き出していることがわかった。一方で，グラフに関する知識の少ない読み手は，グラフに注目しない傾向があり，注目しても正しく読み取れず，グラフによる理解促進が得られなかった。図表やグラフに示すと「わかりやすくなる」という日常的な経験は，それらを処理する認知能力と知識に支えられているのである。

3節 デジタルテキストにおける非連続の情報読解

1．様々なデジタルテキスト

次に，デジタルテキストの読みについて考えてみよう。Meyer（2001）は「マルチメディアの原則」として，異なる情報を提示することがどのような影響を読み手に与えるかをまとめた（表3-1）。

ここでは，前述したようなプリントテキストだけでなく，デジタルテキストが想定されている。Meyerの挙げた原則からは，様々な情報が適切な方法で組み合わされることで，知識量の少ない学習者の学習を促進できると考えられる。アニメーションやナレーションといった情報提示は，デジタルテキストによって実現が容易になっている。

ところで，「デジタルテキスト」とはどのようなものだろうか。デジタル教科書の導入が検討される中で，デジタルテキストを教育に導入するメリットやデメリットに関する多くの議論がなされている。しかし，新井（2012）が指摘するように，それらの議論の多くが「デジタル教科書」としてどのようなデジタルテキストを想定するのか，という前提を共有しないまま進められているように思われる。そこで本節では，「読む」対象としてどのようなデジタルテキストを想定すればよいか，整理してみよう。

まず，デジタルテキストの特徴を，「ディスプレイに表示されること」「異なるテキスト（情報）がリンクによって明示的につながれていること」そして「読み手の反応

表3-1　マルチメディアの原則（Meyer, 2001）

原則	説明
マルチメディア	文章だけより文章と図的表現を組み合わせるほうがよい
空間的一致	対応する文章と図的表現から学習するには，両者が近い位置に提示されるほうがよい
時間的一致	対応する文章と図的表現から学習するには，両者が別々に提示されるより同時に提示されるほうがよい
一貫性	余分な文章や図，音はないほうがよい
モダリティー	アニメーションと文章を組み合わせるより，アニメーションとナレーションを組み合わせるほうがよい
冗長性	アニメーション，ナレーション，文章の3つを提示するより，アニメーションとナレーションだけのほうがよい
個人差	上述の影響は，知識量が少ない学習者や空間操作の得意な学習者に強く現れる

表3-2　デジタルテキストの特徴と例

	電子テキスト	ハイパーテキスト	マルチメディア・テキスト
ディスプレイ表示	○	○	○
明示的リンク	×	○	○
双方向性	×	×	○
具体例	電子書籍，PDF	ウィキペディア	ゲーム・シミュレーション

に対するフィードバックとして提示内容が変化する『双方向性』」の三点から大まかに記述する（表3-2）。

　まず，電子書籍に代表される電子テキストは，従来紙に書かれていた情報が基本的にそのままディスプレイに表示されるものである。こうしたデジタルテキストは，ハイパーリンクなどによる他の情報との明示的なつながりは表示されないことが多く，また動的情報も含まれないことが多い。

　次に，文字情報を主体としたニュース記事や「ウィキペディア」のような「ハイパーリンク」によって他の情報と明示的につながりを持たせたデジタルテキストがある。こうしたハイパーリンクを含むデジタルテキストを「ハイパーテキスト」と呼ぶ。

　さらに，これらの特徴に加えて，動画などのアニメーションを中心に，文字情報を含んだマルチメディアのデジタルテキストを考えることができる。読み手の働きかけに対するフィードバックがあったり，反応によってその後の展開が変わったりする「ゲーム」や「シミュレーション」の学習教材も開発されている（レビューとして，Gredler, 2002）。従来は，情報処理の負荷の重さから，アニメーションのような動的情報を中心としたマルチメディアタイプのデジタルテキストは少数派であったが，PCなど情報機器の性能が上がるにつれ，このタイプのデジタルテキストが増加している。

　「デジタル教科書」あるいは「デジタル教材」というときには，これらの機能に加えて，学習のログ（いつどのページを見たか，どのような操作をしたか，といった学習の記録）を残せるものなども広く開発されている。しかし，本章では「読む」活動を中心に据えて，前述した三つのタイプのデジタルテキストについて検討を進める。

2．デジタルテキストを読む

（1）ディスプレイで読む

　まず，デジタルテキストの第一のタイプとして，「電子テキスト」タイプを考えてみよう。この場合，「電子書籍」のように，読む情報はプリントテキストと変わらな

い。しかし，ディスプレイで読むことによって，プリントテキストを読む場合とは異なる状況が生まれると考えられる。

　まず，紙からディスプレイになることで，プリントテキストで可能であった読み手からのテキストへの働きかけが難しくなることがある。

　一例として，書き込み方略を挙げよう。野崎ら（2005）は，文章が書いてある紙に直接書き込むことの効果を検討している。野崎ら（2005）では，書き込みを禁止された読み手の再生テストの成績が，下線を任意の場所に引くことが許可された読み手や自由に書き込むことが許可された読み手と比較して低かった。私たちにとって直接文章に「書き込む」という行為が重要な意味を持つことがわかる。

　最近では，機能の向上によって，デジタルテキストに直接書き込むことが可能になり，間接的なメモ作成だけでなく，直接的な手書きでの書き込みができるようになってきた。安藤・植野（2011）は，マルチメディア教材を用いて，「書く」方法によって理解度がどのように異なるかを検討している。その結果，キーボード入力でメモを取った場合と比べて，タブレットPCなどを利用した手書きメモを行った場合のほうが，記憶の促進効果が高いことが示された。キーボードの使用が，操作にかかる外的認知負荷を増大させること，同期性が失われることがメモ書きによる記憶促進を妨げたと考えられる。安藤・上野（2011）では，デジタルテキストにおける直接的な手書きでの書き込みの優位性が示されたと言えるが，プリントテキストの読解との詳細な比較は十分になされていない。

　また，プリントテキストでは，（十分なスペースは必要であるが）複数の情報を並列に提示して，それらを比較しながら読むということが比較的容易であった。一方で，「電子書籍」タイプのデジタルテキストの場合，こうした情報の同時提示が困難になる（あるいはディスプレイの大きさに依存する）ことも指摘されている（新井, 2012）。

　一方，デジタルテキストになることで，情報へのアクセシビリティが確保されるという利点を挙げることもできる（近藤，2012）。近藤（2012）は，プリントテキストは，視覚に障害を持つ人や学習障害を持つ人にとっては，目の前にあってもアクセスできない（しにくい）対象であったことを指摘している。したがって，特に教科書などの教材がプリントテキストの状態でしか共有されない環境では，障害を持つ学習者のアクセシビリティを十分に確保することができない。これらの教材をデジタルテキストとして提供することで，障害の特性に合わせた調整（文字の大きさやコントラスト，提示範囲の変更，読み上げ機能の使用）がしやすくなる。こうした調整ができることで，これまで「読む」題材にアクセスできなかった読み手が「読む」ことができるようになる。

　このような観点から考えると，プリントテキストでは情報にアクセスできなかった

45

学習者にとっては、デジタルテキストを用いることのメリットが大きいと考えられる。一方で、プリントテキストで使用できた方略が、デジタルテキストでは使えなくなる可能性もあり、「すべての人にとってデジタルテキストのほうがメリットが大きい」と判断することは難しい。

（2）ハイパーテキストを読む

次に、ハイパーテキストの読みについて検討してみよう。Shapiro & Niederhauser（2004）は、ハイパーテキストの非連続性は、読解における読み手のコントロールの範囲を広げたと指摘している。連続のテキストの場合、どの順番で特定の情報に接するかは主に書き手が決定している。一方、ハイパーテキストの場合、読み手はより柔軟に読む内容の順序を変更しうる。

ハイパーテキストのこのような特徴は、一方では読み手の理解深化を促す。読み手はプリントテキストの読解時と比べて、主体的に読みをコントロールしていかなくてはならない。主体的な関与が強調されることで、読み手の動機づけが向上すると考えられる。

一方で、ハイパーテキストが読み手の理解をむしろ阻害する場合もある。まず、提示されるハードウェアの特徴により、普段の読解のように自動化された処理を行うことが困難な場合がある。ディスプレイのサイズやテキストの表示の仕方によっては、スムーズな文字の処理が難しいことがあるためである（たとえば、高柳ら、1993）。また、ハイパーテキストの非連続性に注目すると、学習者により多くのメタ認知的活動を要求することが指摘できる。自分がどこまで読んだか、どこまで理解したか、次にどの情報を読むべきか、といった判断が必要になるためである。これらの要因は、読み手が文章を読むために必要とする認知的負荷を増大させることにつながってしまう。

Miall & Dobson（2001）は、ハイパーテキストを読む条件と、ハイパーリンクのない文章を読む条件で、読解後に読み手に「どの程度難しかったか」を回答するよう求めた。彼らの研究によると、ハイパーリンクの含まれない文章を読んで「非常に困難であった」と回答した読み手は10％であったのに対して、ハイパーテキストを読んで「非常に困難であった」と回答した読み手は75％であった。

Kim & Kamil（1999）は、こうした理解の困難さは、リンクの処理にともなう認知的負荷の増大にあると考えた。ハイパーテキストの読解に熟達した読み手は、①リンクを開く前に全体を読み通す、②重要でなさそうなリンクは開かない、③リンクされたURLを見て関連性をあらかじめ判断する、④必要な情報が何かモニタリングする、といった方略を用いて、関連性の低いハイパーリンクを除外しながら読んでいることが示された。プリントテキストを読む際には必要のないこれらの方略をうまく使うことが、ハイパーテキストの読解では要求されるのである。

こうした知見から，ハイパーテキストのメリットを発揮させるためには，メタ認知的活動を促進することが重要であると考えられる。そのための足場かけ，たとえばグラフでテキストの構造を明示したナビゲーション，などがあることでテキストをよりよく理解できるようになる（Salmerón & García, 2012）。

　さらに，Bannet & Raimann（2012）は，自己調整学習の観点からハイパーテキストの読解を効果的にするための介入について検討している。ハイパーテキストを理解するためのプロンプトを提示した条件とそのような介入を行わなかった場合には，プロンプトが提示された場合に理解度が向上した。さらに，プロンプトだけでなく事前に自己調整的な方略について説明を受け，簡単なトレーニングを行った条件と，介入を行わずにハイパーテキストを読んで学習した条件を比較したところ，前者のほうが状況モデルレベルでの理解が促進されていることが示された。これらの研究からは，ハイパーテキストの利点を活かし，学習者の理解を促進させるためには，ハイパーテキストを読むための方略のトレーニングや，他者の支援などが必要であると言えそうである。

（3）マルチメディア・テキストにおける読みと学習

　デジタル教材としては，前述のハイパーテキストのほかに，動画や静止画といった視覚的題材を主に用いるマルチメディア教材や，ゲームやシミュレーションなども開発が進んでいる。ここでは，特にゲームやシミュレーションを題材に，その効果と問題点を検討する。

　ゲーム教材とは，学習者が勝つ（ゴールに到達する）ことを目標に特定の領域の知識を用いる教材を指す。たとえば，掛け算の答えをクリックするとパズルが完成するといったものや，クイズに回答していくものなどが数多く開発されている。

　ゲームでは，正誤が明確な問いが用いられるが，シミュレーションでは，オープンエンドの問題状況が提示され，その状況に学習者が働きかけて状況を変化させていく。Gredler（2002）は，シミュレーションの重要な特徴として，次の四つを挙げている。すなわち，①複雑な実世界の状況を十分に反映している，②学習者個々の役割が明確に定義されている，③学習者が様々な方略を試す余地のある豊かな環境が用意されている，④学習者の反応が状況を変化させるという形でフィードバックされる，の四点である。こうした特徴をよく実現したシミュレーション教材としては，パイロットの飛行訓練のそれが知られている。そのほかにも歴史や地理，科学をテーマにした教材が開発され，市販されているものも多い。

　ゲームやシミュレーションでは，「読む」ことの重要性が相対的に低くなると言ってよいだろう。シミュレーションでは複雑な状況での問題解決が課題となるが，その状況はアニメーションやグラフィックなどで視覚的に示されることが多い。Meyer（2001）の「マルチメディアの原則」からは，こうした情報提示が学習者の理解を促

進すると考えられる。シミュレーションによる学習は、一般に「文字だけでは理解しにくい内容の理解を促進する」と考えられている。実際、開発されたシミュレーションを用いた教授が、教育目的としているスキルや知識、動機づけの側面で効果的であったことを示す研究も蓄積されている（たとえば、堀口ら、2008；Hirashima et al., 1998；Spicer & Stratford, 2001）。しかし、シミュレーションの効果は限定的であることを示している研究もある（Ronen & Eliahu, 2000）。Spicer & Stratford（2001）は、シミュレーションが実体験に置き換えうるものではなく、実体験の質を高めるものであると論じている。

たとえば、情報処理学会など八つの学会は、連名で、9事項にわたる「チェックリスト」を提案（表3-3）し、文部科学省に渡している（2010年）。デジタルテキストが学習者を実物を用いた学習から遠ざけうること、あるいは学習の形骸化を招きうることを懸念する専門家も多いことがわかる。

教育工学や教育心理学の枠組みでは、新たな手法や教材の開発は、教育的な効果を高める目的で進められており、デジタルテキストに関しても基本的にはその目的は同じである。こうした開発の結果、実際に教育的効果を高めたものだけが、論文として出版されたり教育プログラムとして用いられたりするようになる。ここには、一種のバイアスが働いており、効果が上がらなかったもの、逆効果であったり副作用が大きかったりするものについては、論文などの形で広がりにくくなる。

表3-3　理系8学会が提出した「デジタル教科書」推進に際してのチェックリスト

事項1：「デジタル教科書」の導入が、手を動かして実験や観察を行う時間の縮減につながらないこと。

事項2：「デジタル教科書」において、虚構の映像を視聴させることのみで科学的事項の学習とすることがないこと。

事項3：「デジタル教科書」の使用が、児童・生徒が紙と筆記用具を使って考えながら作図や計算を進める活動の縮減につながらないこと。

事項4：「デジタル教科書」の使用が、児童・生徒が自らの手と頭を働かせて授業内容を記録し整理する活動の縮減につながらないこと。

事項5：「デジタル教科書」の使用が、穴埋め形式や選択肢形式の問題による演習の比率増大につながらないこと。

事項6：「デジタル教科書」の使用が、児童・生徒同士が直接的に考えや意見を交換しながら進める学習活動の縮減につながらないこと。

事項7：「デジタル教科書」の使用により、授業の「プレゼンテーション化」や、児童・生徒に対するプレゼンテーション偏重・文章力軽視意識の植え付けが起きないようにすること。

事項8：「デジタル教科書」の導入に際して、教員の教科指導能力が軽視されることがないように、また教員の教材研究がより充実するように配慮すること。

事項9：「デジタル教科書」の導入に際しては、少なくとも当面の間は、現行の紙の教科書を併用し、評価や採択においては紙の教科書を基準とすること。

デジタルテキストが教材として適切に利用されるためには，効果が認められるものが開発され，報告されるだけでなく，どのような悪影響がありうるのか，という点についても丁寧な検討が必要なはずである。そのような検討が十分に進められてはいないのが現状だと言ってよいだろう。

4節 メディアリテラシー：デジタルテキストにおける批判的読解

　情報機器の発展に伴って，情報教育においては「メディアリテラシー」という言葉がよく用いられるようになった。メディアリテラシーとはなんだろうか。1980～1990年代前半までは，「情報機器の知識および操作スキル」を意味する言葉として用いられることが多かったようである。しかし，技術の進歩によって機器の操作が容易になり，情報機器自体に関する知識や操作スキルを獲得することが簡単になってくると，こうした意味合いでの「リテラシー」はあまり重視されなくなる。

　また，インターネット利用の変化も「リテラシー」の意味に影響を与えた。1990年代までは，多くの人にとってインターネットの利用方法は情報の「入手」に限定されるものであった。しかし，2000年代に入ると，多くの人が「情報を入手し発信する」という双方向でのインターネット利用を始め，「Web2.0時代」に突入する。Web2.0時代を代表するものとしては，SNS（Social Networking Service）の興隆が挙げられる。だれもが情報の発信者になりうる状況は，インターネット上での情報の多様性を従来以上に加速した。こうした背景から，メディアリテラシーとして「批判的な読解」の重要性が指摘されるようになった。多様な情報の中には，正しさや客観性が保たれていないものも多い。読む対象が正しいことを前提とすることは，Web2.0時代の読解の姿勢としては極めて不適切なものになるはずである。

　後藤（2005）は，先行研究をもとに，メディアリテラシーを「①メディアを使いこなす『メディア操作スキル』，②情報をうのみにせず真偽を見抜く『批判的思考』，③情報メディアを適切に選択し能動的に情報を獲得・表現しようとする『主体的態度』」の三つに整理している。後藤（2005）は，新聞とテレビを主なメディアとして想定している。しかし，批判的思考や主体的な情報獲得をどのようにデジタルテキスト，とりわけインターネット上のデジタルテキストにおいて発揮するか，は重要な課題である。

　有賀・吉田（2003）は，「Webページを批判的に読むためのチェックリスト」を提案している。ページのわかりやすさや環境などのメディア操作スキルに関する項目が多いが，「出所／姿勢」の項目（表3-4）に挙げられている項目は，インターネット上のデジタルテキストに対する批判的な読解において重要な観点だと言えるだろう。

表3-4 Webページを批判的に読むためのチェックリスト「出所／姿勢」の項目 (有賀・吉田，2003より)

このページは筆者のオリジナルか？
このページはどこかの組織が出しているものか？ それはどこか？
筆者の経験，専門分野，所属，立場がわかるか？ それは何か？
筆者の経験，専門分野がわからない時，筆者はこの情報を提供するのに十分な知識を持っていると思うか？ それはなぜか？
筆者にコンタクトが取れるか？ その手段は？
筆者に読者からのコメントを聞く姿勢があるか？

5節　非連続テキストを読む力の現状と育成

1．日本の学習者の現状と課題

　OECD生徒の学習到達度調査（PISA）では，「読む」対象として非連続型テキストを数多く取り上げている。PISAの読解の問題では，図や表が含まれる説明文や広告を提示し，読み手に情報の「取り出し」「統合・解釈」「評価・熟考」を求める（表3-5）。2009年には，従来のプリントテキストの読解に加えて，デジタルテキストの読解力の調査が行われ，19の国と地域が参加している。デジタル読解力の調査では，プリントテキスト同様に連続・非連続のテキストが用いられ，「取り出し」「統合・解釈」「評価・熟考」の観点から出題されたが，設問数が少ないため観点別の評価は行わず「デジタル読解力」としてのみ評価を行っている。これまで述べてきたよ

表3-5　プリントテキストとデジタルテキストの読解において必要なスキル（国立教育政策研究所「OECD生徒の学習到達度調査：2009年デジタル読解力調査」をもとに作成）

	プリント／デジタルテキストに共通するスキル	デジタルテキストにおいて新たに必要となるスキル
取り出し	情報を選択，収集し，取り出す	複数のナビゲーション・ツールを利用し，多くのページを横断しながら，特定のウェブページにたどり着き，特定の情報を見つけ出す
統合・解釈	テキスト内部の情報をまとめる	リンクを選択し，テキストを収集，理解するプロセスにおいて，それぞれのテキストの重要な側面を読み手自身が構築していく
評価・熟考	情報の出所や信頼性，正確さを吟味，判断する	

うに，デジタルテキストでは，プリントテキストで必要とされるスキルに加え，ハイパーリンクなどのナビゲーションツールを用いてウェブページを俯瞰し情報の重要性を判断していくスキルが必要となる。また，情報の出所や信頼性，正確性の吟味も，プリントテキスト以上に必要である。

2009年のPISAでは，日本の学習者のプリントテキスト読解力は，調査に参加した65か国・地域の平均より有意に高く，第2位グループにあると評価されている。全体の順位は，2006年の調査（14位）から回復して上昇傾向にあると言える。しかし，2003年の同調査から，日本の学習者の課題は，特に「評価・熟考」にあるとされており，その傾向はあまり変わらない。連続テキストだけでなく，非連続テキストも含んだ読解において，その情報について客観的・批判的な読みを行うことは，日本の学習者にとって課題となっていると言えるだろう。

同年に行われたデジタル読解力については，日本の総合順位は参加国中4位で第2位グループに評価されている。観点別の評価は行われていないものの，総合的な評価をもとに学習者の習熟度が五つのレベルで表されている（表3-6）。表3-6から，日本の学習者のデジタル読解力の分布を見ると，レベル5とレベル1の割合が小さく，学習者の格差が小さいことがわかる。

PISAでは，デジタル読解力に影響する要因として，コンピュータなどの利用経験を挙げている。たとえば，学校でコンピュータを使う機会がある学習者のほうが，高いデジタル読解力を有し，ネット検索の経験がデジタル読解力を有意に説明する。一方で，日本の学校では「授業でコンピュータを使わない」ことが多いことも示されている。特に操作スキルや「複数のテキストを横断的に判断する」ことにこうした経験が反映されると考えられる。

表3-6 **デジタル読解力習熟度レベルと日本の参加者の分布**（国立教育研究所，「OECD生徒の学習到達度調査：2009年デジタル読解力調査」をもとに作成）

レベル	そのレベルの学習者の特徴	日本の参加者の割合 （OECD平均）(%)
5	複雑なサイトをナビゲーションし，あいまいな状況，見慣れない文脈から詳細な情報を探し出し，分析し，批判的に評価する	5.7 (8.0)
4	様々な形式のサイトをナビゲーションし，見慣れた文脈から情報を得て，それを評価する	28.2 (23.0)
3	情報が直接アクセス可能ないくつかのサイトをナビゲーションし，単純なカテゴリーを作ったりしながら，情報を統合する	38.9 (30.0)
2	限られた数のサイトをナビゲーションし，見慣れた文脈からわかりやすい情報を探し出し，解釈する	20.5 (22.0)
1	－	6.7 (17.0)

一方,同じくPISAの調査からは,読書活動がデジタル読解力の得点を説明することが示されている。プリントテキストとデジタルテキストの読解は,まったく質の異なる課題ではない。非連続テキストの読解の基本となる力は,プリントテキストにおいて必要とされるものと共通である。プリントテキストの読解において,非連続テキストの読解,「評価・吟味」の観点からの読解に力を入れることが,デジタル読解力の育成にもつながると考えられる。

2. デジタルテキストを読む力の育成

デジタルテキストを読むことへの関心や問題意識はこの十数年の間に非常に高まっている。特にインターネット上の情報を批判的に読むことについては,教育的な関心が高まっていると言える。Browneら(2000)は,情報収集において大学生がインターネットに依存していることを指摘している。インターネットへの依存の結果として,近年の学生のレポートが表面的でインターネット上の「要約の要約」になってしまっているのではないかと推測している。また後藤(2006)は,小学校から中学,高校,大学と発達するにつれて,インターネット上の情報の信頼性を判断できるようになるとしつつも,大学生であっても,望ましいとされる判断の内容と方法を満たしているのは4割弱であると述べている。インターネットは便利なツールではあるが,批判的な検討を欠くと深い理解や創造性の阻害につながるのではないか,という危惧は,おそらく日本の教育関係者にも共有されるものであろう。

こうした危惧が,かなり初期の段階に指摘されている一方で,教育プログラムの開発や実践の提案は少ない。PISAに示されているように,実際の教育現場では,コンピュータを用いる機会自体が少ない。設備自体が古かったり,コンピュータ室はあるがインターネットにつながっていない,という学校も少なくない。そのため,学習者が「学習の文脈でデジタルテキストを読む」経験や,「学習に効果的なデジタルテキストの読み方を学ぶ」機会が少ないと考えられる。様々なデジタル教材が開発され,それに対する批判が展開される状況と,学校の現状の間には大きなかい離があるとも言える。

こうした現状において,デジタルテキストの読解に,日本はどのように取り組もうとしているのだろうか。2011年度より施行されている学習指導要領においては,「小学校では,基本的な操作や情報モラルを身に付け,適切に活用できるようにする」旨が追加された。また,中学校高校においては,「適切かつ主体的,積極的に活用できるようにする」ことが加えられた。数学や情報などの教科でも活用が示されるなど,デジタルツールの利用についてはより積極的な方針が示されている。一方で,具体的な実践は現場の教員による手さぐりが続いている。たとえば「情報モラルを身に付ける」ためにはどのような授業が必要なのか,カリキュラムとしてどのように発展させ

るべきか，といった点に関して体系化されているとは言えない。デジタル読解力の育成に関しては，いまだ課題が多い。

6節
本章のまとめ

　本章では，プリントテキストとデジタルテキストにおける非連続テキストの読解について取り上げてきた。図や表が理解を促進する効果を発揮すると同時に，そうした効果の発揮には，基本的な処理能力や図表に関する知識が前提となっていることを指摘した。私たちは無条件に「図表にすればわかりやすくなる」と考えがちであるが，理解を促進する図となるためには，読み手の側に能力と知識があること，また，情報を適切に圧縮した図表であることが重要であった。デジタルテキストの読解については，まず，「デジタルテキスト」として挙げられるものの多様性を示した。電子書籍のように，プリントテキストと同じ情報がモニターなどに表示されたものもあれば，ゲームやシミュレーションのように読み手の反応によって提示される情報が変化する双方向的なものもある。「読む」ことの重要性は，前出の電子書籍タイプのデジタルテキストや，ハイパーテキストにおいて大きいと考えられた。特にハイパーテキストは，インターネットのWebページなどで日常的に目にすることの多いデジタルテキストであるが，その読解においてはプリントテキストとは異なる方略が必要であった。また，プリントテキストの読解時以上にメタ認知が重要な役割を果たし，批判的読解力が必要であることが指摘できた。

　このようなデジタルテキストを読む力について，日本の学習者が十分なスキルを有しているとは判断できない。教育現場においてはデジタルテキストが用いられる機会が少ないことも指摘されている。具体的にどのような「デジタル読解力」を育成すべきか，そのためにどのようなカリキュラムが必要か，といった教育目標に関する議論が，デジタルテキストの読解に関して得られてきた知見をもとに十分になされることが重要である。

第4章 第1部まとめ
——読むこととその教育に関する課題

1節　読んで理解し批判的に考える

　第1部ではまず,「読むこと」は書かれた内容を受動的にコピーすることだ,というイメージは誤りであることを指摘した。読むことは,「読み手の主体的な意味構築活動」(佐藤, 1996) なのである。第1部では,この点を強調し,主体的な意味構築の活動として,読み手による積極的な推論や知識との関連づけが重要であることを指摘した。つまり,「読む」という活動は,単に意味を受け取ることではなく,「眼前の情報とアタマの中の知識を使って考えること,そしてその中から「意味」を作り上げること」なのである。

　さらに,論理的な読解においては,書かれたことに沿った意味表象を構築するだけでなく,その内容や論理構造を吟味し,批判的に考えることが重要であると指摘した。批判的に読むためには,領域一般的な推論スキルや理解モニタリングの働きが重要な役割を果たすが,読解内容に関する知識や熟達が必要な場合も多い。つまり,「どのような内容の文章であっても的確に批判的に読む」ということは難しく,読み手の知識や経験,元々の態度や信念によって批判的読解は大きく影響されると言える。

　論理的な読解の目標は,的確な理解に基づき批判的に読むことである。しかし,的確な理解の構築に関してもまだ誤解が多く,十分に読解方略などの読むスキルの教授が行われているとは言えなかった。批判的読解については,より課題が大きいのが現状である。

　ここで批判的思考のトレーニング方法を参考にしてみよう。Ennis (1989) は,批判的思考のトレーニングを四つのアプローチに大別した (表4-1)。これらのアプローチは,授業の主題と批判的思考の一般原則の明示の有無という観点から特徴を記述することができる。

　日本における批判的読解の指導は,現状では大学を中心とした高等教育における「イマージョンアプローチ」が中心であると言える。論文輪読などを通して,論文を批判的に読解するスキルを身につけていくことが重視されている。一方,指導の中で,

表 4-1　批判的思考トレーニングの 4 アプローチ（Ennis, 1989）

アプローチ	授業の主題	特徴
ジェネラルアプローチ	批判的思考	批判的思考とはどのようなものか，一般原則を明示的に指導。
インフュージョンアプローチ	既存の科目	科目の学習内容を教授する中で，批判的思考の一般原則を明示する。
イマージョンアプローチ	既存の科目	科目の学習内容を教授する中で批判的思考を間接的に学ぶ。批判的思考の一般原則は示さない。
混合アプローチ	既存の科目／批判的思考	インフュージョン／イマージョンアプローチでの実践と，ジェネラルアプローチを併用する。

批判的に読むための原則やスキルが明示的に示されることはあまり多くないだろう。

　Abrami ら（2008）は，批判的思考を高める教育的介入に関する実践研究を対象にメタ分析を実施した。その結果，表 4-1 に挙げたどのアプローチも効果が認められている。しかし，特に効果が高かったのは混合アプローチであり，最も効果が出にくいと考えられるのはイマージョンアプローチであった。

　批判的読解にこれらのアプローチを適用することを考えると，専門的な学習・研究の過程で批判的な読解が身につくことを期待する現状のやり方（イマージョンアプローチ）では十分な効果が得られない可能性がある。また，批判的読解のスキルを独立させて指導の対象とする（ジェネラルアプローチ）だけではなく，両者を組み合わせることによって高い教育効果が期待できる。つまり，普段の授業の中で批判的な読解が必要となる課題を扱うこと，そして，批判的読解そのものについて明示的に指導される機会を設けることの双方が重要だと考えられる。

　また，Abrami ら（2008）では，大学生よりも小中学生において指導効果が大きいことも示されている。批判的読解を指導することについては，「より基礎的なスキルの獲得を優先すべきで，批判的読解のような高次リテラシーの教育は，高等教育（あるいは中等教育の後期）まで待つべきだ」という意見もあるかもしれない。しかしあとに述べるように，批判的読解は学問においてのみ必要なわけではない。また，高等教育に入るまで批判的読解のトレーニング経験のない学習者に，一定水準での批判的読解スキルを獲得させることの困難は，大学教育に関わる者の多くに認識されている。特に，大学進学率が高くなり，大学がより多くの人のものとなった現状では，より初期の段階から批判的読解のトレーニングを実施することを検討すべきだろう。

2節　日常的な読解活動

　第1章から第3章では，論理的な読解をテーマに，主に学校での教授学習場面を取り上げて研究を紹介してきた。しかし，論理的な読解は学校でだけ，あるいは特別な人にとってのみ必要なわけではない。私たちは日々の生活の中で，重要な判断を迫られたとき，必要な情報を理解し，批判的に検討していかなくてはならない。こうした機会は，私たちの日常のすぐ近くにある。

　近年の例でいえば，原子力発電所の事故に際して，多くの人が「放射能の影響」に関わり何らかの判断を迫られた。むろん，近隣に住む人にとっては重大な判断を必要とする問題が山積していたが，直接的な影響の少ない地域に住む人であっても，初めて生じた重大な場面に対してどう対応すべきか，情報を理解し判断することが求められた。中でも，周辺地域で生産された農作物をはじめとした食品の安全性に関する問題は，多くの議論を呼んだ。これは，科学的知見についての解説やデータ，その解釈に関わる文章を一つひとつ理解し，批判的に検討する，論理的読解の課題でもあった。

　食品の安全性に関する情報は，専門書だけでなく，新聞記事やインターネット上の記事，雑誌記事など，私たちが身近に触れることのできるメディアでも提示されていた。たとえば，女性ファッション誌『VERY』の2012年7月号には「美味しいごはんに放射能フリーの知恵」と題して，専門家の談話として次のような内容が記載されていた。

> 「放射能フリー三原則は，取り込まない，取り除く，排出する」
> 　放射能には，これ以下だったら安全という安全濃度はありません。ほんの少しでも体内に取り込めば，放射線源として放射性物質を出し続け，細胞を傷つける。排出されるまで，あらゆる病気を引き起こす可能性があります。（中略）日本古来の食事法「マゴハヤサシイ」にある「マメ・ゴマ・ワカメ・ヤサイ・サカナ・シイタケ・イモ」といったミネラル豊富な食生活を心がけ，玄米や発酵食品を積極的に摂り，体内に取り込んだ放射性物質を排出することも忘れずに。
> （『VERY』2012年7月号，p.216）

　この談話と合わせて，「放射性物質を寄せ付けない米ぬか乳酸菌のスプレー」を使っているモデルや，「発酵食品を手作りすることで，家の中で発酵が起こり，空気中がよい菌で満たされて放射能対策にもなる」というコメントが掲載されている（p.217）。

　これらの記述からは，米ぬか乳酸菌スプレーや発酵食品で放射性物質を除去するこ

とや，ゴマを摂取すると体内に入った放射性物質を「排出」することができるように思われる。この理解は，書かれた内容に即しており，その意味では「正しい理解」であろう。

しかし，批判的読解という観点からは，このような理解は十分でないし，正しくない。たとえば，放射性物質を発酵食品が「寄せ付けない」というのはどういうメカニズムなのだろうか。また，「菌で満たされる」とどうして放射能が減るのだろうか？ ミネラルを摂ると放射性物質が「取り込まれない」というのは事実だろうか？ そもそも，「ほんの少しでも」「放射性物質を出し続ける」というのは本当だろうか。

ほぼ同時期に出版された別の書籍（田崎，2012, p.16）を参照すると，「不安定な原子核を含んでいる物質を放射性物質という。不安定な原子核は一定の割合で崩壊し，その際に，放射線を出す」と定義されている。したがって，この説明からは，放射線は放射性物質の原子核の崩壊に伴って出されるものであるということになる。また，半減期という言葉の説明には「不安定な原子核が崩壊するにつれ，放射性物質の量は次第に減っていく」(p.18)と明記され，一つの放射性物質から放射線が出続けるわけではない，と読み取ることができる。

同書（田崎，2012）では「放射能という言葉もよく聞く。本来の意味は「放射線を出す能力」ということだ」と定義したうえで，放射能という言葉があいまいに使われている現状を批判している。上述した雑誌では，放射能を取り込むと放射性物質を出し続ける，と記述しているが，これは放射能という言葉のあいまいな用法の一例と見ることができそうである。

また，放射性物質について，田崎（2012）は，放射線が大きな運動エネルギーを持った粒子（電子や光子など）であることを説明し，次のように述べている。

> 「温度を変えれば反応の速さが変わる」，「適切な薬品（触媒）で反応が制御できることがある」，「微生物が反応を促進することがある」といった「常識」は，いずれも化学反応についての膨大な経験から学んだものだからだ。化学反応についてならこれらは正しい。しかし，何百万倍のエネルギーが関与する原子核の変化には，まったく当てはまらない。(p.27)

この記述と，上述した雑誌の記載内容には大きなすれ違いがある。しかし，こうしたすれ違いを明確にし，「雑誌の記載内容を信じるかどうか（米ぬか乳酸菌スプレーを使うかどうか）」を判断するためには，雑誌を読み「何かおかしいぞ」と気づき，ほかの視点からの解説を見つけることが必要である。

ここには二つのハードルがあるだろう。まず，なじみのない領域について批判的に読むことが難しいのは第2章で指摘したとおりである。雑誌の記事を読んで「おかし

いぞ」と思うのは，すでに「放射能」について何らかの事前知識があり，それに照らして疑問が生じるという場合が多いだろう。事前の知識を特に持たずに読んだ場合には，田崎（2012）が指摘しているように「化学反応についての膨大な経験」から，その内容を正しいと判断することのほうが多いかもしれない。

　また，知識のない領域に関して適切な文献を見つけることは困難であり，さらに，なじみのない単語を一つひとつ理解しながら読み進めるのも簡単なことではない。第1章でも指摘したように，論理的な読解のためには主体的な関わりが重要であった。方略を用いて書かれた内容の意味表象を構築し，自分自身の知識体系と結びつけていくのである。しかし，単語レベルで理解が困難な場合，全体の理解表象の構築はより困難な課題となる。

　自分の知識が乏しい領域について，生活に関わる重大な意思決定が求められるという事態は，上述した放射能に関する話題だけでなく，様々な形で私たちの身近なところに出現してきている。教育や福祉，政治，外交など，様々なテーマについて，多くの相反する見解を示す文章を目にするだろう。そのときに，これらのハードルを乗り越え，より妥当な判断をすることが論理的読解の最終的な目標だと言えるだろう。

3節　新たな形の「読み」

　現在私たちが「読む」対象を考えると，紙に印刷された連続テキストだけでなく，非連続テキストやデジタルテキストが大きな位置を占めている。特にデジタルテキストを読む機会は著しく増加している。デジタルテキストは，プリントテキストでは表現できなかった情報を提示することができ，それが私たちの理解を助けることは事実であろう。

　一方で，第3章で指摘したように，デジタルテキストを読むことには特有の困難があると考えられる。つまり，デジタルテキストの読解プロセスのほうがプリントテキストより認知負荷が高いことがある。たとえば，読み手は，Webページに代表的なハイパーテキストを読むよりハイパーリンクの含まれない文章を読むほうが易しいと認識していた。さらに，文字だけでなく図表や動画などを含む場合（マルチメディア・マルチモーダル）の読み手の認知プロセスについては，十分な研究知見がないため，どのような困難があるのかもよくわかっていないのが現状だと言える。デジタルテキスト，マルチメディアの読解プロセスを検討し，どのような難しさがあるのかを明らかにすることがまず重要であろう。

　そのうえで，「どうすればデジタルテキストの利点を活かすことができるか」という視点での研究が重要だと言える。これまでにも，デジタル教材やインターネットを

用いた実践は数多く行われ、教育場面におけるデジタルテキストの導入が進められようとしている。しかし、デジタルテキスト特有の難しさを視野に、最適なシステムを構築するというアプローチからの研究は少ない。たとえば、デジタルテキストを読む際に必要な方略の使用をどうすれば促進できるか、そのような介入はどのように実装できるか、あるいはそうした介入なしに読み進められるデジタルテキストとしてどのようなものを開発するか、といった点について検討を進める必要があるだろう。

さらに、デジタルテキストの批判的読解を視野に入れた研究が必要である。わからないことや問題に直面したときに、インターネットを調べることで情報収集し、意思決定を行うという人は多くなってきている。前節に挙げた放射能の問題についても、インターネットを介した情報収集と発信がさかんに行われている。つまり、デジタルテキストをどう読むかが、理解だけでなく批判的思考のレベルですでに問題となっているのである。このような問題解決行動が適応的に行われるためにも、デジタルテキストの批判的読みについて、適切な介入が必要であろう。前述した批判的思考のトレーニングに関する知見を活かし、デジタルテキストにおける批判的読解を助ける方法や批判的読解を促進する介入を検討していかなくてはならない。

4節

読むことと書くこと

さて、これまで、論理的文章の読解について論じてきた。第2部では「論理的に書く」ことについて焦点を当てる。これまで、「読むこと」と「書くこと」は二つの別々の活動として取り上げられることが多かった。たとえば、心理学の研究では"Reading"と"Writing"が別々に取り上げられることが多く、両方を視野に入れた研究はほとんど見られない。また、指導要領を見ても「読むこと」「書くこと」として両者を分けた形で指導の内容や目標を示していることが多い。

しかし、「読む」ことと「書く」ことは深くつながりあった活動である。前述したように、読むことは意味を作り上げることであるとすると、書くことは作り上げた意味を表出することであると言える。つまり、「読む」と「書く」は「アタマの中で意味を作り上げる」ということを仲立ちとして成立する、一連の思考プロセスの両端にあるものなのである。

福澤（2012）は、批判的な読解のための方法として「『書く』ように『読む』」ことを提案している。福澤は「ある音を聞いてその音がなんであるか認識するために使われている脳内機能が、同時にその音を発音するときにも使われている。（中略）すなわち、RとLが聞き分けられないのは、そもそもその音を区別して発音できないからだ」という知覚の運動理論を例にとり、「読解ができないのは（中略）書くことが

できないからだ」と主張している。福澤の主張は，読むことと書くことが一連の思考プロセスの一部だという考え方をより強く打ち出したものだと言えるだろう。

　本書の第2部では，いったん「読む」ことと切り離して「論理的に書く」ことと書くことの支援・教育について述べていく。しかし，読者のみなさんには，第1部の内容と第2部の内容の共通点やつながりを見出されることと思う。

第2部

論理的文章を書く

第5章 論理的文章の「よさ」とその評価

　人が文章を書くときは，その向こう側に特定あるいは不特定多数の「読み手」を想定するものである。読み手のない文章はない。書かれた文章は何らかの形で読者の目に触れ，「わかりやすい」「既知である」「心を揺さぶる」などの様々な評価を受ける。

　書き手の叫びに論理性が加われば，それは主張になる。文章を書く目的が「読み手に自分の思いや感情を伝える」ということならば，小説，詩，童話といった種類の文章を用いることができよう。しかし，「自分の考えを論理的に伝え，説得する」という目的の場合は，「論理的な文章」を用いることになる。

　では，論理的な文章，と聞いて，読者の皆さんはどのような文章を思い描くだろうか。大学入試の小論文や学術論文を思い浮かべる人が多いかもしれない。論理的な文章の定義は多様であり，ひと言で定義するのは難しい。ここでは，論理力や論理的であることについていくつかの定義を挙げながら，論理的な文章の具体像を浮かび上がらせてみよう。

1節　論理的な文章とは

　野矢（2006）は，論理力を「考えをきちんと伝える力であり，伝えられたものをきちんと受け取る力」，つまり論理的な読み書きの力であると定義している。野矢によれば，きちんと伝えるとは，紆余曲折を含む実際の思考の過程をそのまま表現するのではなく，論理の力を働かせて，思考の結果をできる限り一貫した，飛躍の少ない，理解しやすい形で表現することである。それでは，論理的な文章と，そうでない文章とは何がどのように異なるのだろうか。

　岸（2008）は，文章の種類を「何を伝えるのか」と「事実・真偽の確認ができるのか」の2軸で分類している（図5-1）。この分類から，物語文や生活文・感想文以外の文章に論理性を持たせるためには（物語文や生活文・感想文には，論理性は必ずしも必要ではない），一貫性や説得力が必要になると言えそうだ。

　また宇佐見（1998）は，「文章は（日記のような例外は別として）自分以外の他の

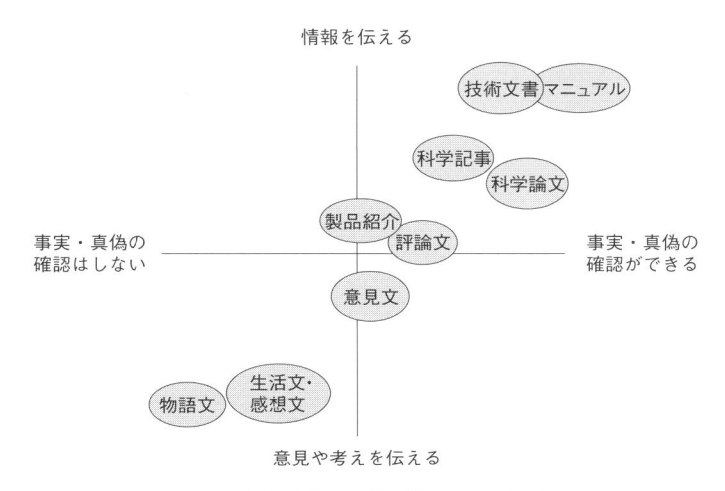

図5-1　文章の種類の分類（岸, 2008より引用）

人間に読ませるものである。読ませて，何かをわからせるものである。だから，とにかく相手が読み，わかるために，どう書くかが重要である。相手がその気（読み，わかる気）になるようなサービスに努める文章でなければならない。そのような文章こそ「論理的」な文章なのである」と述べている。これらの主張に共通するのは，文章の読み手に対してわかりやすく書くという読み手意識（audience awareness）の重視であろう。論理的な読み書きには，読み手を意識することが重要であるという言語技術の会（1990）の主張とも一致する。

では，読み手はどのような観点から文章を評価しているのだろうか。その文章が論理的か否かを何をもって判断しているのだろうか。さらに，人間の読み手と，機械の読み手では，判断基準に違いはあるのだろうか。本章では，どのような文章が論理的と言えるのかを，文章評価研究を中心に考えていきたい。

2節　読み手はどのような文章を論理的であると評価するのか

本節では，読み手による文章の評価を三つの観点から検討し，論理的な文章とは，具体的にはどのような文章であればよいのかを考える。まず，「論理的な文章のポイント」としてどのような特徴が挙げられているかを整理する。次に，読み手が，ある文章を論理的であると判断する際，文章中のどのような特徴に注目しているかを概観する。最後に，人間の読み手（評価者：human rater）の判断はどの程度一貫したも

のかを検討し，論理的な文章の評価の困難さを紹介する。これらの検討を通じ，論理的な文章の特徴とともに，その評価の在り方を考えてみよう。

1．人はどのような文章を説得的だと評価するのか

人が説得的だと評価するために，文章にとって必要な特徴とはどのようなものだろうか。以下に多くの実践や書籍で紹介されている，代表的な要素をまとめる。

（1）一文一義

一文一義とは，「一つの文に一つの内容しか書かない」という文単位の記述方法である。この方法は，特にマニュアル（手続き的説明文）を書く際に重視されるが，説得文を含む様々な論理的作文でも同様に重要である。一つの文に複数の内容がつめ込まれてしまうと，読み手の理解を阻害する。説得文における理解の阻害は，書き方が不適切なために読み手に重要な情報が伝わらない可能性につながる。それにより，説得力が低下すると考えられる。

（2）重点先行

テクニカルライティングや英文でのパラグラフライティングでは特に重要な記述方法である。日本語での説得文執筆においては，しばしば重点である結論を文章の最後に述べることがある。また，パラグラフ内にそのパラグラフの結論を書かないこともある。それらは日本語的な奥ゆかしさによる表現手法だという説もあるが，澤田（1983）はこれを批判している。近年では，日本語での意見文執筆においても重要な概念として，思考図などを用いた文章の型での指導がなされている（三宅・泰山，2013；型の指導の詳細は第6章参照）。

（3）反論の想定と反駁

宇佐見（2001）は，論理的であることを「異なる立場の論者による批判に対し防衛力が有る（すきが無い）」ことだと述べている。O'Keefe（1999）は，先行研究のデータのメタ分析を行い，反論を記述しそれに対する再反論（反駁）を述べることで，文章の説得力がより高く評価されることを示した。一方的に自分の意見のみを述べるのではなく，バランスを取ることで，書き手や主張に対する信頼感を高める効果があると考えられる。

（4）一貫性

一貫性には，「マクロな一貫性」と「ミクロな一貫性」がある。マクロな一貫性とは，文章内で，問い・主張・根拠・論拠・結論で述べていることが一致していることを指す。たとえば，「温暖化が実際に生じているか」という問いを立てたのに，「自然環境を守ることが大切だ」という結論を導いている場合のように，文章の初めに提示した問題と結論の内容がずれていると，マクロな一貫性に欠けていると判断される。一方，パラグラフ内で主張文（topic sentence）・支持文（supporting sentences）・結

文 (closing sentence) の内容が一貫していることをミクロな一貫性と呼ぶ。ミクロな一貫性は，パラグラフライティングの原則を示しており（詳細は第6章参照），一つのパラグラフにその要点を示す主張文とそれをより詳しく説明する支持文，内容をまとめる結文により構成される。これらの内容に食い違いがなく，一つのパラグラフに一つの話題が示されていることがミクロな一貫性だと言える。マクロな一貫性が保たれた中に，ミクロな一貫性が示され，入れ子構造をなすことで，文章全体としての一貫性が保たれる。

(5) 文献の信頼性

書き手の主張とその根拠については特に文献を用いる必要はない。しかし，それらを裏づける論拠には，信頼性の高い文献を引用していることが必要である。たとえば学術論文や政府等による調査報告書などが，それらの文献にあたる。インターネット上の掲示板やSNSへの書き込み，匿名のブログ，友人から聞いた話などは，一般的に信頼性が低いため，論拠として用いるのは不適な場合がある。ただし特定の話題を展開する際に，「このようなことが生じていた」という事実として引用する場合はこの限りではない。

以上で挙げたポイントを充足した文章を読んだ読み手は，「論理的である」と感じ，その主張に納得しやすいと想定できる。論理的な文章を書くときには，これらのポイントに留意することで，そのような文章を書くことができると考えられる。そのため，論理的作文の指導では，これらの点が取り上げられることが多い。

2．文章の表層的特徴と構成的特徴

では，実際に文章を読む際に，読み手は前述したポイントをすべて同等に重要なものとして見ているのだろうか。あるいはより重要なポイントとそうでないポイントがあるのだろうか。

ここでは，指定されたテーマについて書く場合，あるいは指定された単語を用いて論述する場合を考えてみよう。たとえば，大学教育における意見文課題などではこうした形式での出題が多い。このようにテーマや単語を指定した場合，意見文の答案は，書かれた中心的な内容を示す重要語や重要文はそれぞれ類似しているが，表現や文章構成が異なる」という傾向を持つと考えられる。

椿本ら（2007）は，テーマが指定された意見文に対して潜在意味分析（Latent Semantic Analysis：LSA，本章3節参照）を行い，その文章において中心的意味を持つ重要語と重要文を抽出した。それらを用いて内容は同じだが表現（重要語の数，重要文の長さ）を変化させた「表層変化文章」を作成した（表5-1）。さらに論理構成（段落数，結論の位置，主張の位置）を変化させた「構成変化文章」も作成した

表5-1　表層変化文章における変化

	重要語	重要文
原文	—	—
文章1	減	—
文章2	減	分割
文章3	—	分割
文章4	増	—
文章5	増	分割

※「—」は原文から変化させていないことを示す。

表5-2　構成変化文章における変化（椿本ら，2007より）

	段落数	結論位置	主張位置
原文	—	—	—
文章a	減	移動（冒頭へ）	移動（冒頭へ）
文章b	減	移動（冒頭へ）	—
文章c	減	—	移動（冒頭へ）
文章d	減	—	—
文章e	—	移動（冒頭へ）	移動（冒頭へ）
文章f	—	移動（冒頭へ）	—
文章g	—	—	移動（冒頭へ）

※「—」は原文から変化させていないことを示す。

（表5-2）。なお，表層も構成も変化させない文章を「原文」とした。

　このような文章群は，教育現場で論理的な文章を評価する際に近い状態，すなわち「書かれた内容はそれぞれ類似しているが，表現や文章構成が異なる」様子を再現するものと想定できるだろう。構成変化文章の作成にあたっては，文章理解は段落の付き方や，主張部分のわかりやすい書かれ方に影響を受ける（日本国語教育学会，2001）ことから，文章内容の中心となる主張部分の段落数を操作している。また，結論段落の相対位置の移動は文章理解に影響を与える（Loach et al., 1993；関・赤堀，1996）ことから，結論段落の移動がなされた。さらに，書き手のその提案が最も説得力を発揮する文章中の位置を考えることは，文章の論理性にとって重要である（日本国語教育学会，2001）ことから，書き手の主張が書かれた文の移動が行われた。

　これら複数の変化パターンにおいて，①人間が評価する際に重視する重要語・重要文と，LSAによって原文から抽出した重要語・重要文が一致するか，②読み手による評定値が変動するか，の2点を検討した。その結果，次のことが明らかになった。

　まず，①重要語・重要文の抽出に関して述べる。重要語については，調査協力者が

選んだ重要語には，LSAで原文から抽出した重要語ではない単語が多かった。頻度が減ったり文が短くなったりしたことで，重要語や重要文の選択が影響を受けたと考えられる。次に重要文については，LSAで抽出した重要文を，意味を損なわない範囲で複数の短い文に分割した際に，評価者とLSAとの一致率が低く，評価者はその文を重要ではないと判断していた。ここでも重要語と同様の傾向が見られており，同じ内容を述べている文であっても，書き方によっては（たとえそれが表層的な特徴にすぎなくても），評価者にその重要性が伝わらない可能性が示唆された。

次に，②読み手よる評価の違いについて述べる。読み手は，「理解しやすさ」「説得力」「論理性」の三つの評価観点について，前述した変化パターンの異なる文章を評定した。その評定値を変化パターン別に分析した。

その結果，表層変化文章では，「理解しやすさ」の評価観点において各文章間で評価結果に差が見られた。最も高く評価されたのは文章4と文章5で，LSAで抽出した重要語を増加させたことが，読み手の感じるわかりやすさを高めたと考察される。なお，最も低く評価されたのは文章1で，LSAによる重要語の出現頻度を減少させた文章であった。

一方，構成変化文章では，「理解しやすさ」「説得力」「論理性」のすべての観点の評価結果に差が見られた。このことから，人間が文章の論理性や説得力を評価する際により影響を及ぼす文章の要因は，表層的な表現よりも，論理構成，つまり何をどのような順序で述べるか，というものであると考えられる。

すべての観点で最も高く評価されたのは原文であった。原文は，主張が一定の間隔で繰り返されており，想定した反論をふまえて論を展開するという説得的な論理構成になっていた。したがって，説得力のある文章の論理構成に関しては，本節1．（3）（4）で挙げた「反論の想定と反駁」「一貫性」といったポイントが関連していると言えるだろう。こうしたポイントを押さえた論理構成の在り方については，いくつかの「型」が示されている。説得的な文章構成の「型」については，第6章で詳しく取り上げる。ここで紹介した研究結果は，説得的な文章の「型」の妥当性を支持する知見だとも言える。

3．文章評価の難しさ

上述してきたように，人間が論理的文章を読み，そのよさを評価する場面では，文章の表層的特徴と構成的特徴の双方が関連しており，特に構成的特徴によって文章全体の論理的なよさを判断していると言える。

一方，文章評価の先行研究によると，説得文の評価を適切に行うことは簡単ではなさそうである。確からしくもっともらしい評価を行うためには，評価経験の積み重ねが重要だと指摘されていたり（石井，1981；渡部ら，1988など），作文に対する採点

者の好感度が作文評価を困難にする重要な要因の一つであることが示されていたりする。産出された文章の評価には，採点者の経験や主観が影響している部分が少なくないようである。

こうした問題は，たとえば大学受験などでは重大である。石井（1981）は，大学入試における小論文試験の観点から評価基準の信頼性と妥当性について述べ，「評価基準は恒常的かつ安定したものであるべきで，基準が曖昧化してはならない」と主張している。入試という学習者にとって大きな意味を持つ局面において，説得文の評価基準が評価者の経験や主観によって揺らぎ，採点結果の妥当性・信頼性が低下することに警鐘を鳴らしている。文章評価の揺らぎを低減させることは，入試などの場合を考えれば，社会的な要請なのである。

また，高等教育においては，学生にレポート課題（論理的・説得的な文章である意見文を書かせる活動）が課されることが多い。教員の約90％がレポート課題を学生に課している（長坂ら，2001）。レポート課題の多くは，前述したような「書かれた内容は類似しているが表現や構成の異なる文章」である。大学教員はときには百を超えるレポートを読み，それを評価することが求められている。こうした作業は教員にとって大きな負担となっており，その軽減が必要だという指摘もある（Klein, 2002）。

3節　機械による論理的文章の採点

人が説得文を読む場合には，その表層的特徴と構成的特徴から説得力を判断していることがわかった。特に，説得文の評価基準は，文章中の重要文の長さや論理構成によって大きな影響を受けると言えた。一方，多くの文章を評価する場面においては，評価者の評価の揺らぎが問題とされていた。では，「機械の採点者」であれば，揺らぎを回避した評価ができるのだろうか。また，「機械の採点者」の論理性判断は，人の評価者とどの程度近いものなのだろうか。機械が人と同等に，あるいはそれ以上に揺らぎのない適切な採点をできるのであれば，評価者の負担を減らすことができる。文章自動採点研究の流れを追いながら検討してみよう。

1．文章自動採点研究の概要とその手法

文章自動採点は，英語で書かれた文章に対する試みがPEG（Project Essay Grade），やIEA（Intelligent Essay Assessor）等のシステムによって先駆的になされてきた。これらの動向を受けて，石岡（2004）は，「文章自動採点手法の開発とその評価は来るべき時代の学問であり，社会的要求も高い」と指摘し，文章自動採点研究の必要性を強く述べている。

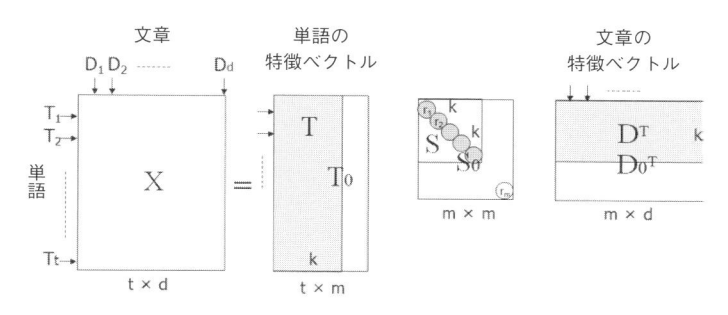

図5-2　単語と文章の特徴ベクトル

　自動採点研究は，Page（1966）による PEG から始まった。PEG は，文章の特徴，たとえば単語の長さや文章に含まれる単語数や前置詞の数などを測定し，その結果に基づいて採点を行うシステムである。PEG が導いた得点と教員による得点との相関係数は 0.78 であり，互いに同じような傾向を持って得点をつけていることが示された。一方で，こうしたシステムのもとでは，より長い単語を用い，多くの語を用いて書かれた文章が「よりよい」と判断される傾向がある。その「よさ」が「論理的であること」と等しいかどうかは，議論する必要がありそうだ。

　また，現在では LSA の文章自動採点への応用がなされている（石岡・亀田，2002；石岡，2004；Foltz et al., 1999）。LSA とは Deerwester ら（1990）による特異値分解（singular value decomposition）（図5-2）を利用した情報検索手法を発展させたものである。

　LSA では，各文章内に出現する単語数をカウントし，単語（t）×文章（d）の単語出現頻度行列を作成する。この行列に対して特異値分解を用いることで，単語の特徴ベクトルと文章の特徴ベクトルを得る。ここでの特徴ベクトルとは，単語や文章の性質をよく表す数量を並べたものである。各特徴ベクトル間のコサイン類似度によって，複数の文章間や単語間の意味的な類似度を測定することが可能である。一般に，文章はあるテーマに基づいて書かれているので，同一文章内に出現する単語間には何らかの意味的関係があると考えられる（辻井・北，1999）。以上より LSA では，文章内や文章間で出現する単語の類似性を計算し，その類似性に基づいて文章の採点を行うことができる。テーマやお手本となる論文と関連した単語が数多く含まれている文章ほど，より的確に内容を論じていると判断され，より「論理的によい」文章だと採点されるようになる。

　LSA が示す類似度に基づいた採点は，人間の判断と密接な近似を示すことが明らかになっている（Landauer et al., 1998）。たとえば，LSA を利用した採点と人間によ

る評定値との相関は，総合評価の観点で 0.85 であった（Landauer et al., 2003）。LSA を採点に用いることで，機械を人間の判断に近づけることができそうである。

こうした特徴から，前述した単語の数や長さといった観点に加え，LSA を取り入れた自動採点システムが開発されてきた。たとえば，IEA（Foltz et al., 1999）は，LSA に加えて，単語の単純な一致にとどまらず，単語とその類義語等の一致も含めた測定を試みたシステムである。IEA の最大の特徴は，「いかに適切な語彙を用いているか」という観点で内容についての採点を行う点である（石岡，2004）。しかしながら，論理構成や語の出現順を考慮できない点が，文章採点システムとして不十分である。できない理由は，後述する単語の集まり（bag-of-words）というコンピュータ特有の文章の扱い方による。

日本語で書かれた文章についても，自動採点研究が行われている。石岡・亀田（2002）は，英文自動採点システム E-rater を参考に，その日本語版である日本語小論文自動採点システム「Jess」（石岡・亀田 2002，石岡 2004）では，内容の採点に LSA の仕組みを用いている。Jess は，毎日新聞の社説やコラムを手本として利用し，①修辞，②論理構成，③内容，の三つの観点から学習者の文章を採点する。Jess における論理構成の判定では，接続表現に着目している。論理的な文章には，接続表現が意識的に用いられていることが多い。このことから，手本について，順接と逆説の接続詞が文章中にどのような組み合わせで出現するかの生起確率を算出している。その確率と採点対象における接続詞の出現状況とがかけ離れている場合，論理構成に関する配点を減じている。

2．文章自動採点システムの問題点

文章の自動採点には以下の二点の批判がなされてきた（Shermis et al., 2002）。まず，コンピュータは文章を正確に理解できない点である。適切なキーワードの使用が「適切な」文章を作るとは限らない。つまり，コンピュータは文章を"単語の集まり"（bag-of-words：論理的なつながりを無視した，単なる単語の集合体）として扱う（Williams, 2001）ため，手本の文章に使われている単語に関係の深い単語が多く含まれていれば，支離滅裂な文章でもシステムは高得点を与えてしまう可能性がある。次に，手本となる文章や採点基準の準備に多大な労力がかかる点である。自動採点システムでは，採点の事前準備として，各採点基準（文法，構造，文体など）について，重要度を設定しておく必要がある。また，手本の文章を大量に準備しなければならない場合もある。

Rudner & Gagne（2001）によると，IEA は内容を採点するのに優れており，PEG は作文品質を判定するのに優れていると言う。しかし，これらのシステムにも以下のような問題点が存在する。

まず，Pageら（1997）は，初期のPEGは文章の本質的な要素（内容や構成など）を捉えておらず，教育的なフィードバックコメントを書き手に与えられないと指摘した。しかし現在では改良されており，採点のメカニズムにおいて複雑な重みづけがなされている。次に，石岡（2004）によれば，IEAでの採点には，テーマごとに，大量の手本となる文章をシステムに学習させる必要があり，非効率的である。

　Jessへの批判も存在している。佐藤（2004）は，"単語の集まり"的な取り扱いに対して，「問題文中のキーワードをちりばめただけの無意味な文章でも評価してしまう可能性を捨てきれない」などとして，文章内容の採点に用いることに強く警鐘を鳴らしている。そのうえで，「人間の判断を加えないで純粋にこのシステムだけで小論文の採点をするのは難しいのではないか」とし，システムによる文章全自動採点に対して慎重な意見を述べている。

3. 文章採点の混合アプローチ

　人間の専門家による評価も完璧ではなく，自動採点システムも現段階でに文章の全側面を十分に採点することは難しい。この事実をふまえた新しい文章採点の方法として，人間とシステムのそれぞれの得意分野を活かした併用が提案されている。たとえば，アメリカで実施される適性試験の一つであるGMAT（Graduate Management Admission Test）では，小論文試験に自動採点システムを用いているが，すべての採点をコンピュータに任せてはいない。論理的な文章に必要な要素を学習し，その要素の採点方法の訓練を受けた人間の評価者とコンピュータが独立に採点を行い，両者に得点差があれば第三の人間の評価者が最終的な得点を決定するのである。こうすることで，人間の評価者による「揺らぎ」に対する対策とし，より妥当な結果を得ることが目指されている。現段階では，このような混合アプローチ（Blended Approach）は必要かつ現実的な手法だと言えるだろう。

　また，湯川ら（2006）は，一定の長さ以上の文字あるいは単語の並びの一致度を用いて学習者が提出したレポート内容の類似度を計算し，学習者間での剽窃を発見する手法を提案している。剽窃が行われたレポートは一般的に採点対象外であり，そのレポートを書いた学習者に対しては個別に注意を行う必要がある。このシステムを使うことで，剽窃レポートをそうとは知らずに採点してしまう無駄を省き，当該学習者に対して適切な指導と評価を行うことが可能になるだろう。

　人間による文章評価を支援するシステムも開発されている。長尾ら（2005）では，レポート内容の類似度によって書かれた内容の分類を試みている。この手法は，自由なテーマで文章を書かせた際の人間による評価活動を支援できる。たとえば椿本・赤堀（2007）は，LSAによって類似した内容ごとに文章を分類し，人間がLSAの分類結果をふまえて，分類のグループごとに文章を評価できる文章採点支援システムを開

発した。システムを利用した採点の結果，一部の評価観点について，人間の評価者内での基準の揺らぎが少なくなることが示された。

　多くの説得文を評価する，という文脈において，揺らぎのない妥当な結果を得るための方法を考えると，機械による採点がその助けとなる。しかしながら，機械による採点が"単語の集まり"としての評価である以上，その妥当性には限界があると考えられる。人間の評価を中心としつつ，機械による支援を考えていくことが，論理的文章のよさの評価としては重要だと考えられる。

4節　本章のまとめ

　本章では，他の章と多少趣を異にして，計算言語学や教育工学分野における，論理的な文章の採点・評価研究を中心に概観してきた。これらの研究知見から，同じ文章であっても，文章中の要素が変化すると，人間の評価者による文章の論理性判断が影響されることがわかった。テクニカルライティングでは，そのような判断の揺らぎを最小限に抑えるために，重点先行などの具体的な文章執筆方法を提案していた。一方，文章の論理性や内容を客観的・定量的に測定するために，文章を単語の集合体と捉えたり，自然言語処理によって文章を数量的に取り扱い，採点項目に対応する統計量を定義したりする機械採点のアプローチが存在していた。文章が論理的であることを示すために，心理学以外の分野でも試行錯誤がなされていることを，意外だと感じた読者も多いのではないだろうか。

　本章では，機械による論理的な文章の採点方法として，文章を単語の集合体とみなす方法や，「お手本」の文章における接続詞の出現パターンと比較する方法などを紹介した。これらのどれもが，文章の論理性を判定するために，ある程度有効な手法であるとして提案されている。

　しかし，機械だけで完璧に文章のよさを判断することは難しく，人間の判断が必要な部分も大きい。機械による採点を利用する場合は，その判断の質をできる限り向上させるために，以下の基本的な二点に気をつける必要があるだろう。まず，採点の偏りを少なくするために，お手本となる文章の数を増やすことが重要である。次に，質のよいお手本を集めることが重要である。「お手本」として集めたデータが一定の質を保っていなければ，妥当な採点結果は得られにくいだろう。

　論理的な文章を書く指導では，これらの研究を通して指摘されてきた要素，たとえば文章の論理構成であれば，「学習者が書こうとしている文は，文章の中でどの役割を持つ文なのか（たとえば，主張文なのか支持文なのか）」に着目させることが必要である。「よい文章を書いてください」と抽象的に指示しても，学習者がそれにこた

えることは難しい。指導においては，よい文章と評価される具体的な表現を目標とした指導が行われなくてはならないだろう。

　書くことを指導する中で，指導者は，学習者によって書かれた文章の「よさ」を判断する必要がある。しかし，「よさ」を定義できたとしても，一貫して適切な判断をすることは機械にとっても人間にとっても容易ではない。LSAなどの文章解析手法では，膨大な単語データから，主観を排除した客観的・数量的な採点結果が得られる。一方で，訓練された人間による評価結果にも，一目置くべきもっともらしさが備わっていることは無視できない。人間の文章採点プロセスに対する心理学的なアプローチと，機械採点に対する工学的アプローチを融和させる文章評価研究を進め，双方の価値を最大限に活かした文章評価環境の構築が望まれる。

第6章 論理的に書くための「型」

　大学生のA君は、「レポート課題が出たので提出したら、『これでは感想文だ』とコメントされて、低い成績だった」としょげている。A君のように「論理的作文」を書くべき場面で、感想を脈絡なく書き連ねてしまう大学生は少なくない。「レポートを書くときに気をつけるべきこと」を尋ねると、「印象的な書き出しにすること」「生き生きと情景を描くこと」といった物語文の特徴を述べる学生もいる。これは、論理的な作文とはどのような文章を書くことか、がよくわかっていないことを意味していると考えられる。

　現在、わが国の作文教育は大きな転換期を迎えている。言語活動の充実を目指した新学習指導要領が小学校（平成23年4月から）、中学校（平成24年4月から）、高等学校（平成25年度入学生から。数学及び理科は平成24年度入学生から）で実施され始めている。しかし、充実させるべき「言語活動」の概念はあいまいであり（井上，2012）、具体的に取り組むべき内容や方法は明らかになっていない。本章では、今後充実させるべき言語活動として「文章の型」の教授・学習の必要性を論じたい。文章の型は、わが国の従来の教育ではほとんど対象としてこなかった論理的な文章を書くために必要となる「思考の型」でもある。先述のA君は「感想文」と「論理的なレポート」の違いをどのように学ぶことができるだろうか。

1節　論理的文章の型を知る

1. 論理的な文章と型

　「論理性」や「論理的な文章」とはどのように定義されるのだろうか。一般的に、論理的であることの定義はあまり共有されていない（道田，2003）。井上ら（2008）は、「論理的」の意味を三つに分類することを試みている。すなわち、①形式倫理学の規則に従った推論、②論証の形式（前提−結論、主張−理由−根拠などの骨組み）を持った文章や話、③直感やイメージによる思考に対する、分析・統合・抽象・比

較・関係づけなどの概念的思考一般，である。この分類は，①が狭義であり，③が広義である。言語活動の充実を目標にした初等中等教育の教育実践においては，上記の②や③の立場で論理的な文章の書き方や，書くための思考力の涵養が目指されている。また論理的な文章とは，「異なる立場の論者による批判に対し防衛力が有る」（宇佐見，2001）ものを指す。これらの定義を満たす文章を書くための枠組みとして，文章に含まれる情報を提示する一定の順序である「型」が挙げられる。

　型は，特定領域における思考と表現に必要となる要素そのものである。「型」は「様式」とも呼ばれ，多くの種類が存在している。たとえば，物語，詩，ビジネスレター，親密な手紙，説明文，説得文，インタビュー，本の紹介，自伝，戯曲などである。型に思考や文章をあてはめることは，学習者の個性を打ち消し，機械的な文章しか書けない書き手を育てることだと考える読者もいるかもしれない。しかし，型を知らずに思考や文章産出を行うことは難しく，また既存の型をアレンジすることもできない。基礎なき応用は困難なのである。この問題について渡辺（2004）は，「多くの文章様式を体得してレパートリーを増やし，その中から作文の目的に合った適切な様式を選択することで初めて個性が生まれる」と述べている。型の習得には，意識的な教授学習と反復練習が必要である。したがって，型は日常生活で自然に習得できるものではないが，書き手の論理的思考力を育み，文章の論理性を担保するためには必須の道具なのである。

２．型を用いた作文教育：日本と米国との比較

　日本国内では，型の教育・思考の教育はいまだ一般的ではない。一方米国では，論理的な文章を書くための言語技術教育（Language Arts）を伝統的に重視してきた。以下では，日本と米国の国語教育を，主に初等教育と「作文教育」の観点から比較し，その相違点を浮かび上がらせてみたい。

　まず，日本と米国では，型の教育の必要性についての認識が異なる。日本では，最近になって「作文教育」の重要性が主張され，それに伴い型を重視した作文指導がしだいに注目されてきた。しかし，文章の型を重視した体系的な言語教育カリキュラムはまだ少ない。一方米国の言語教育では，初等教育から高等教育まで一貫して，型を用いた思考表現が非常に重視されている。たとえば，米国では教科書等を活用した言語技術指導が伝統的に行われており，一般書店では多種多様なルールブックが販売されている（大庭，2009）。型を用いて論理的に主張し他者を説得することが，米国社会で求められ，教育される基礎的なスキルなのである。

　次に，国語教育の目的が異なる。日本の国語教育の目的とは何であろうか。国語科の指導内容の柱は「読む・書く・聞く・話す」だが，三森（2005）は，日本人は国語科で何を学んだのか語れないと指摘し，国語科のカリキュラムの実体のなさを批判し

ている。たとえば、「書く」について日本の例を見てみよう。日本の国語教育におけるよい作文とは、学習者の気持ちが生き生きと表現されているものであるとされてきた。したがって教員が作文を評価する際は、基本的には内容を否定せずに肯定的なコメントを与えることが多い。たとえ論理展開の破綻や構想のまずさがあったとしても、積極的な批判は行わない。日本の作文教育は、「書くための技術ではなく、ものを書く児童の姿勢と、それを心情的に支援する教師の態度に重点が置かれている」(渡辺, 2004) のである。日本の小学6年生の国語教科書における「書くこと」の単元の扱われ方を、83種類の教科書で調査した結果、書き手の主張とその理由を論理的に述べる文章である「意見文」を指導する単元は44種類 (53%) の教科書にしか見られず、見本作文の数も生活文などと比べて少なかった (清道, 2010)。一方米国の作文教育では、前述のようにいくつかの明確な型を使った思考表現の訓練を行っている。この比較から、日米の国語教育の目的の違いと、日本の国語教育の目的の認識のしにくさが見てとれるだろう。

　一方、米国の国語教育の目的は明確である。国語科指導の四つの柱は日本と共通だが、柱と型と実社会で求められる言語技術とが対応づいている。したがって作文評価では、児童が書こうとしている文章の目的と「型」が合っているか、その「型」が正しく使えているかが重要な観点となる。そのため、教師は学習者が達成できている部分もそうでない部分も指摘し、必要であれば書き直しも行わせる。文章には様々な型があるが、「論理的な読み書き」の対象となる型は「小論文 (persuasive writing, 説得文や意見文と呼ぶこともある)」だろう。小論文は、社会現象などの公的な題材を扱い、事実と意見を区別して書く。米国では、小論文は学力を測る物差しであり、中学校から高等教育まで最も活用される「型」である (渡辺, 2004)。日本では、どのような物差しが用いられているだろうか。日本の国語教育で指導する「作文 (生活文)」は、米国の型では「創作文 (creative writing)」にあたる。米国では主に小学校低学年から中学年で指導され、事実に空想を織り交ぜ、娯楽を目的に書く。なお、日本では夏休みの宿題などで馴染み深い「読書感想文」の型が、米国では見られないのは興味深い。読書感想文は社会的な目的を持たない文章であり、学力の物差しにも娯楽にもならないということだろうか。ただし米国でも、自分が読んだ本の内容や魅力などを聴衆に対して説明する書評活動は行われている可能性がある。ただしその際の目的は、日本の読書感想文のような登場人物等に対する共感ではなく、批判的読解の結果を論理的な型を用いて他者に説明することに焦点が当てられるだろう。読書感想文と書評は、異なる言語活動なのである。

　日本と米国の初等教育における作文教育の違いは、「型」の指導の有無と、論理的な文章の重視度の違いにあるようだ。日本では、初等中等教育でほとんど指導されてこなかった「論理的な読み書き」が、高等教育で急に重視されるようになる。した

がって，大多数の学習者は，論理的な文章に対する認識すら持たずに高等教育に飛び込んでくる。そこでは，それまでの生活文における指導のように，学習者の姿勢や教員による心情的な支援に重点が置かれることはない。したがって学習者は，高等教育の入口で呆然と立ち尽くすことになる。こうした問題を考えると，国語教育は言語技術教育であるべきだという宇佐見（2001）の主張は支持されるべきかもしれない。

3．パラグラフライティング

　パラグラフライティング（以下，PW）とは，段落および段落間に論理的で緊密な関係を持たせ，それによって書き手の考えを明確に隙なく読み手に伝えるための文章を書くための手法である。なおパラグラフとは日本語でいう意味段落である。日本の教育において PW という言葉を聞くのは，中等教育での英語科がおそらく最初だろう。国語科の作文教育の場面で，PW という言葉を聞いたり，PW を実践した経験がある人はほとんどいないであろう。しかし，PW は英文ライティングのためだけの方法論ではなく，日本語で論理的な文章を書く際にも必須の「型」なのである。

　PW では，その段落で最も重要な内容を表した一文（主張文，topic sentence）を，段落の最初に記述する。主張文に続いて，その内容を補完する複数の支持文（supporting sentence）を示す。このような記述の型は，論理的な文章であっても日本語には馴染まない，と考える読者もいるかもしれない。しかしそのような感覚に対して，澤田（1983）は鋭く警鐘を鳴らしている。以下に澤田の主張を引用する（TS は topic sentence の意）。

> TS 題目文を最初にもってくるのは西洋式で，最初から本論に入るのを遠慮する慎ましやかな日本人には向かない，などという議論もありますが，妙な議論だと思います。（中略）仮に，日本人として冒頭の TS では落ち着かないといわれる方が相当多数おられたとしても，そういう方々の意見に流されていたのでは，われわれはいつまでたっても国際的に通用する論文書きにも論文語りにも成功しないでしょう。(p.116)

　TS は，書き手が最も主張したい内容であると同時に，読み手が最も知りたがっている情報でもある。これを文章や段落の重点として，早い段階で提示することを重点先行という。

　重点先行な文章は，結論を最初に述べる演繹的な構成になる。書き手の思考プロセスは帰納的なものだが，それをそのまま書いてしまうと，考えの順序を書き手自身が確認するための文章，つまり，論理的文章を書くための準備メモや日記になってしまう。メモや日記は，論理的文章ではない。一方，TS を最初に述べると，読み手は

「要するにこの文章には何が書いてあるのか」という内容の骨子を早いうちから知ることができるので，文章を理解しやすくなる。ちなみにこの場合のTSは，理解の対象に先がけてその内容を示す先行オーガナイザー（advance organizer）になっている。また，文章が展開していくうちに矛盾が生じた場合は，それに気づきやすくなる。さらに，TSを読んだ段階で，読み手にとってはその文章の価値を判断できる。一方書き手にとっても，主張したいこと（結論）を最初に書いておけば，書いているうちに内容がブレることを防止できる。

文章はいくつかの段落で構成されるが，段落内においても，その段落のTSを最初に書くとよい。向後（2004）は，段落の最後でも再度TSを述べることを勧めており，その理由として系列位置効果（最初と最後の内容を記憶する傾向）があることを挙げている。

4．文章の外の「型」

論理的な文章の「型」は，文章の内側だけではなく，外側にも存在する。Jonassen（1982）は，文章の表現を内部設計と外部設計の二つに分類した。内部設計とは，文章の論理構造である。外部設計とは，文章や図の全体的な配置である。内部と外部の両方の設計を工夫することで，文章の論理性を読み手に対してわかりやすく伝えることが可能になる。

Duchastel（1982）は，外部設計と読み手の理解度との関連を示した。実験では，学習者に段落や見出しがほとんどない心理学の文章を読ませた。その結果，最も熟達度が高い群以外の学習者は，文章理解が困難であった。つまり，文章の表示形式が文章の理解しやすさに影響するのである。

Duchastel（1982）の研究を受けた関・赤堀（1994）は，文章の表示形式の違いが，「読み返し」活動における文章内の情報へのアクセス状況にもたらす変化を検証した。実験では，語学教育や語学学習の役割について6項目で説明した約600字の文章を，箇条型（各項目の頭に"●"を置き，項目ごとに改行したもの）と埋没型（各項目の書き出しを「まず」「次に」のような接続詞で始め，項目間に改行を入れずに，連続して記述したもの）のように表示形式を変えて被験者に出題した（図6-1）。その結果，箇条型のほうが埋没型よりも，キーワードを含む箇所へのアクセスが多く，アクセスがランダムに行われた比率が大きく，短時間で内容を理解できた，という読みの特徴が明らかになった。

この結果は，読解のプロセスから解釈できる。まず，箇条型の記述をすることで，文章のマクロ構造が明示されたためと考えられる。第1章で述べたように，「読んで理解する」プロセスは，読み手が文章全体の表象を構築するプロセスである。箇条型にすることは，記述された内容が全体の中でどのような位置づけにあるかを理解しや

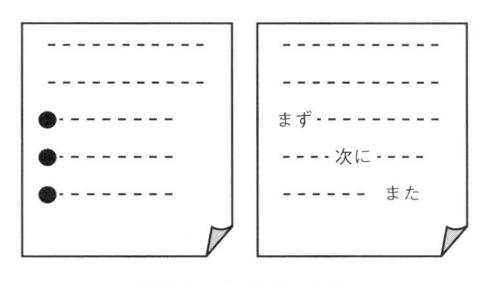

図6-1　箇条型と埋没型

すくする。また，第3章で述べたように，視覚的表現が内容を圧縮し，読み手の認知的負荷を軽減したとも考えられる。

　読み手にとって文章の構造が理解しやすい形で文章を提示することは，書き手の主張を明確に伝えることにつながる。論理的な文章を書くための基礎と言えるだろう。文章内の型に加えて，外の型がこうした基礎を支える役割を果たしているのである。

2節
論理的文章の「型」に関する研究・実践

1．トゥールミンの論証モデルによるレポートライティング教育

　トゥールミン・モデル（Toulmin, 2003）は，批判的思考（クリティカルシンキング）の理論的基礎の一つとして，またアカデミック・ライティング指導時の理論として，近年大きな注目を集めている。後者に関して大井（2006）は，論証に関する推敲の重要性を指摘したうえで，批判的な作文の指導にトゥールミン・モデルを活用している。トゥールミン・モデルの六つの構成要素は主張，データ，保証，裏づけ，反証，限定である（表6-1）。

　ところでこのモデルの元々の目的は，アカデミック・ライティングで目標とされている論理的な作文を支援することではなかった。しかし鈴木ら（2007）は，このモデルをアカデミック・ライティング指導に適用することの利点を，①特定の分野に依存しない，②従来の論文作成に関わるテキストよりもより詳細な指針を与える，③反証，限定によって主張型レポートの確実性を高める，と述べ，アカデミック・ライティング指導の一つの指標として有効であると主張している。以下，トゥールミン・モデルを用いた大学におけるレポートライティング実践を紹介する。

　鈴木ら（2007）は，ある問題に対して自らの主張を論理的に展開するレポートであ

表6-1　トゥールミンの議論の要素（鈴木ら，2007より）

主張（claim, conclusion）	立証しようとしている事柄
データ（data）	主張の起訴となる事実
保証（warrant）	データが主張をサポートするかについての言明
裏づけ（backing）	保証が妥当なものであることを示す一般的な法則
反証（rebuttal）	自らの主張と対立する言明，あるいは例外
限定（qualifier）	上記の反証を踏まえたうえで，主張の範囲の限定

る「主張型レポート」を題材とした。主張型レポートは，レポート全体の構成原理である論証と，主張が成立しうる問題かどうかを判断する問題設定が重要である。論証に関してはトゥールミンの図式が有効であると思われた。トゥールミン・モデルを用いたアカデミック・ライティングの実践では，学習者は，「大学最寄り駅からキャンパスまでの最もよい道順を書く」という不良定義問題の課題に取り組んだ。ここで学習者は，「よい」という判断基準を明確にし，その基準の妥当性を説明することが必要になる。基準はトゥールミン・モデルの保証，妥当性は裏づけに該当する。この実践では，論証の構成要素は講義で伝達されたわけではない。構成要素の自発的な理解を目的として，ブログを用いた相互批評活動が行われた。その結果，相互批評活動によってトゥールミン・モデルの論証構造を学習者が自発的に利用する可能性が示唆された。

　館野ら（2011）は，大学生のアカデミック・ライティングにおける相互批評活動を支援するシステムにトゥールミン・モデルを導入した。このシステムでは，書き手は自分の文章に対して，文や段落に対してトゥールミン・モデルの要素をラベリングする。読み手は，ラベルがついた箇所に対して直示的にコメントを付与することができる。システムを用いて共同推敲実践を行ったところ，学習者たちは論証構造を意識したコメント活動ができていたことが明らかになった。

　ここまで，トゥールミン・モデルを活用した論理的なレポート産出の実践をみてきた。これらの実践の成果から，トゥールミン・モデルは，主張型レポートのような論理性・説得性を必要とする文章の規範となり得る可能性があると言えるだろう。ただし，ただモデルを提示するだけで，学習者が論理的な文章を書けるようになるわけではない。モデルを用いて構成要素に気づくことはできても，それを自分の文章に生かしきれない場合（鈴木ら，2007）や，そもそも大学生にとって論理が一貫した主張を行うことが困難である可能性（館野ら，2011）がある。教授者は，モデルの存在に安心せずに，常に学習者の理解度・達成度を確認しながらモデルの利用方法や授業方法を改善していく必要があるだろう。

2. 言語技術指導

　大学全入時代における前項のような実践は，大学生にとって基礎的な論理力や記述力を涵養するために今後ますます重要性を増していくだろう。しかし，論理力の育成はそもそも初等中等教育から，高等教育を見据えた積み上げによって行われるべきではないだろうか。続いては，初等教育での言語技術教育を紹介する。

　1962 年以降の中等教育の国語教科書は，すべて総合教科書（総合編）となった。しかし，それ以前の 1952 年からの約 10 年間の国語教科書は，文学編と言語編に分かれていた（井上，2009）。言語編のねらいは，読み方・書き方の技術の習得であり，概ね次のような内容が含まれていた（表 6 - 2）。

　井上ら（2008）は，初等教育の各教科に論理力は内包されてはいるが，だからといって各教科を横断的・総合的に扱えば論理力が育成されるわけではないという立場から，論理力の系統的な学習を目的とした新たな教科である「論理科」を開発・提唱した。各教科の内容を通して論理力を学ばせるのではなく，論理力そのものを教科の内容とした点が特徴的である。論理科の目標は，論理的な文章の読み（文章や図表等の内容の読解，内容の真偽性や思考の筋道の妥当性の判断）と書き（事実や考えを，筋道を立てて表現する）である。指導にあたっては，まず論理力の構成要素を 12 項目設定し，それぞれを発想力，理解力，判断力，表現力の四つの側面から分類した。また，これらの 12 要素を，児童の発達段階等に基づき整理し，低・中・高学年ごとの重点指導目標を設定した。さらに，論理力を用いた思考を支援・促進するために，「論理語彙」も設定した。たとえば，低学年の重点指導目標の一つである「分類する力」に対応する語彙として「わける・まとめる，おなじ，ぜんぶ」を定め，学習内容を明確にしている。

表 6 - 2　言語編教科書の内容（井上，2009 より）

話し方・聞き方	a	項目なし（b と c で学習する）
	b	大意の述べ方，会話の仕方，説明の仕方，講演と講義の聞き方　主張の述べ方
	c	電話のかけ方，放送，討論の仕方，会議の進め方
読み方	a	文字，国語辞書の引き方，朗読，本の組み立て，図書館の利用
	b	段落と段落の関係，大意のとり方，主題・冒頭・結び，比喩と擬人法
	c	詩の読み方，小説の読み方，戯曲の読み方，古文の読み方，短歌の読み方，俳句の読み方，川柳の読み方
書き方	a	送り仮名，いろいろな符号の使い方，原稿用紙の書き方
	b	ありのままに書くこと，感想を書くこと，意見を書くこと
	c	日記のつけ方，手紙の書き方，電報文の書き方，学級新聞の編集，広告，いろいろな書式の書き方

また，言語技術教室「つくば言語技術教育研究所」の実践にも注目したい。この教室では，言語技術は人が生きるために最も大切で，かつ役立つ生活技術である（三森，2002）との立場から，読み書きに留まらず，論理的な会話，議論，質問，依頼，聴解などの論理的コミュニケーションの技術を習得するための多様なトレーニング方法が開発されている。それらの方法の一つに，「問答ゲーム」がある。問答ゲームは，小学校1年生から成人まで取り組むことができる。問答ゲームに取り組むことで，問いに的確に答える，結論を述べてから理由を言う，自分の考えに対する責任の認識（第一人称主語を意識する），事実と意見の区別，主語や目的語のある整った文の産出など，基本的な問答の型の習得が目指される。問答ゲームは，口頭の問答のみならず，論理的な文章の型としても活用可能である。論理的な型の習得は，読む・書く・聴く・話すといったコミュニケーション全体の質を向上させるであろう。

　一方，言語編教科書がなくなるのと期を同じくして，学校の外では1970年代前後から，コンピュータの普及とともにテクニカルライティングが急速に広がった。テクニカルライティングとは，様々な工業製品やサービスを，一般人向けにわかりやすく説明するための技術である。1950年代に米国で始まったこの技術は，ビジネスや生活を円滑に進めるために，読み手の誤解を招くことのない明確な説明や伝達を目的とした文章を書くためのものである（テクニカルコミュニケーター協会，2009）。このような目的を持った文章を「実用文」といい，製品のマニュアル，社内文書，告知チラシ，Webサイトなどが含まれる。読み手を意識して意味を明確に伝達する技術やそれを目指す姿勢は，論理的な文章を書く際にも非常に参考になる。近年では，高等教育において，テクニカルライティング技術をレポート産出などの作文教育にも利用した教育実践も行われるようになってきた（たとえば，冨永，2010）。

3節　思考図の活用

　論理的な文章を書くことと論理構造を考えることは，言うまでもなくつながっている。論理的な文章を書くためには，帰納的な「自分語り」の思考を整理し，演繹的に「他者に伝える」必要がある。しかし，特に論理的な文章を書き慣れていない学習者にとっては，思考の整理は容易ではない。思考の整理を支援する図を，思考図（グラフィックオーガナイザー）と呼ぶ（大庭，2009）。

　思考図は，批判的思考，創造的思考，論理的思考などの多様な領域の思考力を育成し，またそれらの思考を深めるために，近年では各国で用いられるようになってきた。関西大学初等部では，新学習指導要領の分析結果から，思考スキルを育むことにポイントを置いた学習（ミューズ学習）を行っている（関西大学初等部，2012：教育家

第6章 論理的に書くための「型」

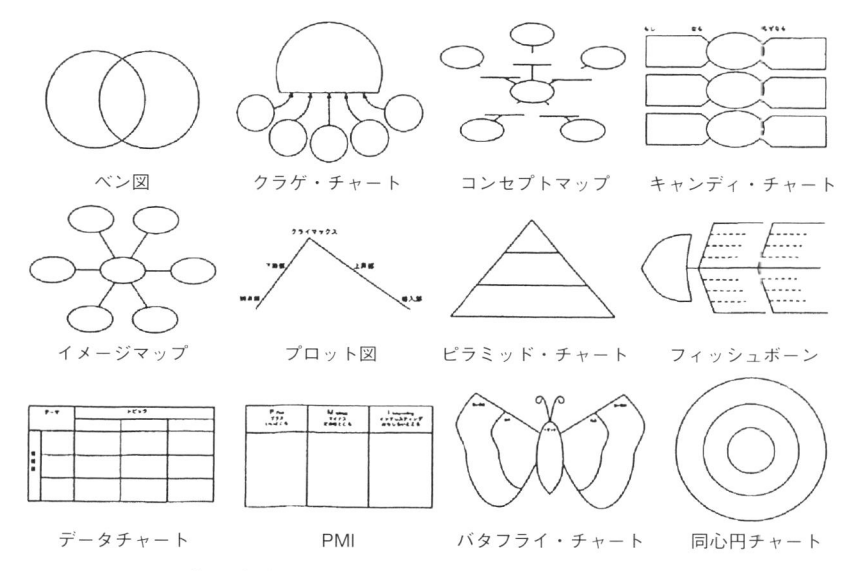

図6-2　思考を可視化するツールとしてのチャート（教育家庭新聞, 2012より）

庭新聞, 2012)。ミューズ学習では, 六つの思考スキルを習得するために, 八つの思考ツールを低学年から中学年の4年間をかけて習得する。高学年では, 習得したスキルを活用した議論などの発展的な学習を試行している。六つのスキルとは, 比較する・分類する・多面的にみる・関連づける・構造化する・評価する, である。たとえば構造化にはピラミッド・チャートなど, その目的に適した図を, 各学年の発達段階に従って学習する(図6-2)。

こうした思考図は, 視覚的な「型」として, 論理的な文章を書くプロセスを支援する。そこで本節では, 思考図を用いた作文指導を紹介しよう。

1. エッセイトライアングル

思考図は, 高等教育におけるアカデミック・ライティングの指導にも有用である。大庭(2009)のエッセイトライアングル(図6-3)は, 自らの主張(Thesis, ティーシス)によって他者を論理的に説得するための文章の型を提供している。エッセイトライアングルは, 序論・本論・結論の3章構造で構成される。序論の最後には, 主張を含む文である「ティーシス・ステートメント」の記述が求められる。本論では, 主張の正しさを証明するために事実に裏づけられた三つの論拠を提示し, 結論では主張を再度強調し(再主張), 主張の正しさをアピールする。

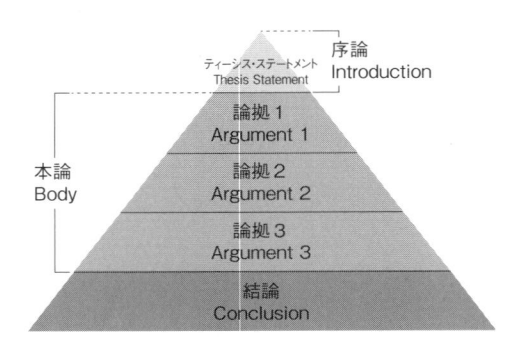

```
                      序論
          ティーシス・ステートメント
          Thesis Statement  Introduction
              論拠1
              Argument 1
      本論     論拠2
      Body    Argument 2
              論拠3
              Argument 3
              結論
              Conclusion
```

図6-3　エッセイトライアングルの概念図（大庭，2009をもとに筆者が改変を加えて作成）

　これに関してはこだて未来大学では，2012年度のアカデミック・ライティングの授業でエッセイトライアングルの活用を試みた。図6-3の各階層に書き込み用の余白を設定し，思考図をワークシート化した。授業ではワークシートを学習者に配布し，図内にトピックセンテンス（TS）を書き込ませた。思考図をワークシート化することで，学習者は図とともに各TSの内容を確認できるため，学習者にとっても教員にとっても，各TSの論理的なつながりが意識しやすくなる。学習者は，この作業によってTS間のつながりを確認した後に，各TSに対するサポートセンテンス（SS）を考え，文章のアウトラインを作成していった。

　さらに，このワークシートを，同大学のもう一つの初年次授業である英語ライティングでも活用した。その目的は，論理的な文章の型は日英両言語に共通して活用できることを学習者に理解させるためであった。この実践により，学習者は日英両方の言語で共通の思考図を用いて，論理的な文章の産出プロセスを経験することができた。その結果，日本語のアカデミック・ライティング授業の学生アンケートでは，「この授業の課題をちゃんとやれば，付随的に英語ライティングの授業でのエッセイの書き方も勉強することにもなる」という感想が得られた。今後も思考図を用いた日英両言語での教育実践を続け，学習効果や学習者の動機づけの変化などを調査していく必要があろう。

2．知識構築の十字モデル

　牧野（2010）は社会的構成主義の立場から，対話による知識構築の十字モデルを提案した。十字モデルの横軸は，中央のセル（命題）を挟んだ左側（弁証）と右側（推論）との対話による論理的思考を表す。縦軸は，上側（経緯）から中央（発問）を経て下側（提案）に至る価値創造や問題解決を表す（図6-4）。論理的な文章を書くことは，自己・他者・社会との時空を超えた対話である。十字モデル内の要素と縦軸・

第 6 章　論理的に書くための「型」

```
              ┌────┐
              │問題│
              │意識│
┌────┬────┼────┼────┬────┐
│先行研究│問題点を│仮説を│論点を│データで│
│を挙げる│指摘する│立てる│立てる│裏づける│
└────┴────┼────┼────┴────┘
              │問題│
              │解決│
              └────┘
```

図 6-4　議論の十字モデル（牧野，2010 より）

```
              ┌────┐
              │問題│
              │意識│
┌────┬────┼────┼────┬────┐
│主張と│主張を│主張 │根拠 │事実・│
│異なる│守る │したい│となる│データ│
│立場 │立場 │仮説 │考え │     │
└────┴────┼────┼────┴────┘
              │解決策│
              │の提案│
              └────┘
```

図 6-5　やさしい十字モデル（牧野，2010 より）

横軸を意識することで，どのような要素が何のために必要なのかを意識化できるだろう。そもそも十字モデルは，口頭で議論を行うためのものであった。しかし論理を保つことは，会話でも文章でも同様に重要であり，その論理の型は共通である。

牧野（2010）は，「やさしい十字モデル」（図 6-5）に沿った論理展開での議論例を示している。やさしい十字モデルとは，議論の十字モデル（図 6-4）の要素を平易に言い換えたものである。「中心の「問い」が「他者（社会）との対話」「自己（情報）との対話」の相互作用を通して深まり，意味が構成される。これと同時に，「過去」と向き合う「問い」から「未来」に向けた成果が生まれ，価値が創造される。つまり，十字モデルの横軸は左右の対話による「意味構成」を表し，縦軸は上下の展開による発展的な「価値創造」を表している。（牧野，2010）。表 6-3 は，やさしい十字モデルの要素に沿った議論例である。

論理的作文の指導で十字モデルを用いる際には，まずは十字モデルを用いた会話を

表6-3　やさしい十字モデルを用いた議論例

		大学生のA君は、「レポート課題が出たので提出したら、『これでは感想文だ』とコメントされて、低い成績だった」としょげている。何とかならないかとB先生に相談しました。
1.	問題意識	A：レポート書いても感想文になっちゃうんです。どうしたらいいんでしょう？ B：じゃ、論理的な文章に書き直さなくちゃね。
2.	解決策の提案	B：とくに、型を意識したらどう？ A：なんで型なんですか？
3.	主張したい仮説	B：型ってすごく便利で効果的だからさ。 A：へー、どんなところがですか？
4.	根拠となる考え	B：書く目的に応じてたくさんの形式が開発されているんだよ。
5.	事実・データ	B：ある小学校では、その形式を「思考図」というわかりやすい教材にして、小学生でも論理的な作文を書けるという授業をやって、効果をあげているんだ。
6.	主張と異なる立場	A：でも、型って守らなきゃならないなら不便できゅうくつそうですけど。
7.	主張を守る立場	B：型によって論理的な考え方が身につく。その方法を使って自由に考えられるようになる。慣れないうちはそう感じるかもしれない。でも型は、君のアイディアに自由を与える便利な道具なんだ。

練習させ、論理構造を理解させるとよいだろう。日本語母語話者ならば、書き言葉よりも話し言葉を用いるほうが、言葉を操作する敷居が低い。論理的作文を高等教育で初めて経験する多くの学習者にとって、いきなり書くということは敷居が高い場合がある。したがって最初は牧野（2010）の例のように話す活動から入り、複数のテーマで論理展開ができるようになったら、書く活動を行わせてみてはどうだろうか。文章の論理構造を意識したことがない学習者でも、比較的スムーズに書き出せるのではないだろうか。

3. 思考の型を活用するために

本節では、論理的な文章の表現形式としての「型」を意識し活用するための図的表現に注目した。図を用いて思考することは、書き手の認知負荷を軽減し、論理の組み立てを助けるだろう。図を活用して論理的な文章を書くことは、その文章の読み手と書き手の双方に対して、それぞれにとってのわかりやすさを担保するのである。これらの図を論理的な作文に活用するためには、教師と学習者の両方に、以下の二点が求められるだろう。一つめは、作文のどの過程にどのような図を用いることが最も効果的であるのかの知識である。二つめは、図で整理した思考を文章に反映するための書く技術である。この知識と技術は、論理的な文章を書く場合のみならず、読解、聴解、プレゼンテーションなどの論理的なコミュニケーション全般に応用可能な強力な武器

であろう。教員は，学習者がこれらの知識や技術に興味を持ち，楽しみながら繰り返し学習できるような授業と教材の開発と活用を行っていく必要がある。

4節　本章のまとめ

　本章では，論理的な文章を書くための「型」や「ツール」に着目した。日本において，書くことの指導に中心的に取り組んでいるのは，国語科と考えられている。しかし，日本の国語科の教育場面では「自由に」「感じたままを」を記述することが重視され，論理的に書くことに関する指導が十分に行われていないことを指摘した。本章では，論理的に書くうえで有効な型として，トゥールミンのモデルやパラグラフライティングを取り上げたほか，思考図の例を挙げた。また，こうした型やツールが，論理的に書くとはどういうことか理解し，書く力を育成することを示す知見を取り上げた。

　現在は，全科目を横断した「書く教育」が推奨されている。学習の真正性やより多い学習機会の担保などを考慮すれば　それも効果的な方法の一つだろう。しかしBruer (1993) は，すべての教科に作文を組み入れることは，カリキュラムの全域で学習者に暗唱を促すことになると警鐘を鳴らしている。教授者に言語技術教育の知識や技術が不足した状態では，学習者に対する「何のために書かせるのか」「なぜそのように書くのか」「なぜそのように書けるようになるのか」といった問題意識を持った指導が難しくなる。そのような指導では，知識の構築 (knowledge transforming) ではなく知識の陳述 (knowledge telling) をさせるに留まってしまう危険性があるだろう。書く機会を充実させることは重要であるが，論理的に書くための技術を十分に指導することがその前提となるべきである。

　書く技術の指導について，井上をはじめとした言語技術の立場からは，「論理科」や「テクニカルライティング」を一つの教科として独立させることが必要だと主張されている。専門科目を打ち立て，言語技術や教育工学などの専門家がチームとなって，文章の型や思考の型が十分に指導されることが望まれる。こうした指導のうえで，学問の真正性を確保した知識構築がなされるような学習環境と，その中での「書く活動」が実践されることを目指すべきである。

　学校共同体内での持続可能な言語技術教育のためには，言語技術専門科目と他の科目との連携，言語技術教育を専門とする教員と他の教員との連携，学年や学科を縦断・横断したカリキュラムのグランドデザインなどが必須である。実際には難しい問題が多くあるが，まずは教員が声をあげ，自分の周囲から小さな連携を試みることが必要ではないだろうか。

最後に，今後の言語技術教育にとっての急務を三つ述べる。一つは言語技術教育の専門家の育成である。たとえば日本では，テクニカルコミュニケーター協会が TC（テクニカルコミュニケーション）技術検定を行っている。二つめは，言語技術を専門としない教員が，論理的な文章の型と思考の型を理解することである。論理的思考力はすべての学習の基盤である。言語技術の専門教員を育成したとしても，彼らにだけ論理的な作文の指導を任せていては，学習者に真正な学習機会を十分に与えることはできない。各教員が，自らの専門性の文脈で論理的な文章を書く機会を学習者に提供し，指導を行うことができるよう，知識・技術を身につけることが必要である。三つめは，大学の教員養成課程のカリキュラム改善である。先述したような多くの教科での論理的作文指導を可能にするためには，国語科だけでなく，すべての教科の課程で，論理的文章を書くこととその指導に関する知識・技術を必修化すべきではないだろうか。

第7章 作文のプロセスと指導

　ここまで「どのような文章が『論理的』で『よい』文章なのか」について論じてきた。読者の皆さんも「最終的にどのようなモノになるとよいか」はイメージできるのではないだろうか。しかし、どのようなモノにすればよいか、ということがわかるということは、必ずしも「どうすればそのようにできるかわかる」ということと同じではない。論理的に書くことが苦手だという学習者は「自分の書いた文章がイマイチだとは思うんだけど、どうすればよいのかわからない」と嘆いていることも多い。したがって、人がどのように論理的に書くのか、その作文プロセスに目を向けることが必要になる。本章では、心理学の研究知見をもとに、作文のプロセスを概観し、どうすれば「より論理的に書く」ことができるようになるかを考えたい。

1節　作文のプロセス

1．うまい書き手はどこが違うか

　優れた書き手と子どもなどの未熟な書き手に、考えていることを発話しながら作文をするように指示し、そこで得られたプロトコルから、両者の作文プロセスの検討が進められてきた（Bereiter & Scardamalia, 1987；Cameron & Moshenko, 1996）。もちろん優れた書き手と子どもでは書かれた作品の質は大きく異なっている。しかし、作品そのものだけでなく、作文プロセスにも両者には顕著な違いが見られたのである。両者の違いは、①書き始めるまでの時間、②内容とコンセプトを考慮するバランス、③執筆後の修正、の三点において特にはっきりとしていた。

　まず、テーマを提示され、書き始めるまでの時間を比較してみると、プロの書き手は書き始める前に15分以上を費やし（Bereiter & Scardamalia, 1987）、小学校6年生は2分ほどしたらすぐに文章を書き始めた（Cameron & Moschenko, 1996）。プロの書き手は、書き始める前の段階で、「どんな相手が読むのか」「どんな文章にしようか（楽しませる？　説得する？）」「どんな展開で書くと狙った効果が出るか」といった

ことをじっくり検討し，いくつかのアイデアを示し，それを構成していく，というやり方で書いていることが多いようである。一方，未熟な書き手は，テーマを聞くと，そのテーマに関して知っていることを想起する作業をすぐに開始する。そして，思いついたことをすぐにそのまま書いていくのである。

ここで，執筆前に費やした時間の差異だけでなく，その内容も大きく違っていることに注目してほしい。未熟な書き手が「何を書くか」と書く内容にのみ注目しているのに対して，優れた書き手は「どのように書くか」「どんな文章にするか」という文章全体の目標を定め，その目標を達成するためにどうすればよいか，という文章全体のコンセプトを考えることに時間を費やしているのである。

修正の段階においても，こうした差異は見られた。子どもは思いつくことがなくなると書くのをやめ，読み直そうとしなかった。また，本質的な修正をしようとはせず，修正するように指示されると，字の間違いを修正するような表面的な修正のみを行う傾向にあった。一方，優れた書き手は，はじめに立てたプランに立ち戻り，自分の考えたコンセプトが実現されているか，という観点から全体を見直していた。

Bereiter & Scardamalia (1987) は，このような作文プロセスの特徴について，熟達者の作文プロセスを「知識構成」，未熟な書き手の作文プロセスを「知識語り」という表現で示した。これらの研究知見からは，作文のプロセスを考える際には，「ペンを持ち（あるいはワープロに向かい），まさに文章を書いているとき」だけではなく，書き始める前の段階や書いた後の段階を含めたより広い範囲を捉えていく必要があることがわかる。

2．作文プロセスのモデル

これらの研究からは，作文を自己調整的に行うカギが，まさに執筆しているそのときだけでなく，むしろ，書く活動の前後にわたり，いくつかのプロセスを複雑に行き来するところにあるということがわかる。

Hayes & Flower (1980) は，作文の認知プロセスを，大きく三つの下位プロセス，「プランニング」「執筆」「推敲」，に分けてモデル化している（図7-1）。プランニングのプロセスには，文章の目標を設定すること，アイデア生成，そしてそのアイデアを「どのように書くか」という執筆プランを構成（構造化）すること，という3種類の活動が含まれている。ここで構成されたアイデアをもとに文字にしていくことが「執筆」プロセスに当たる。「推敲」のプロセスでは，自分が書いた文章を一つの外部リソースとして読み，編集するという活動が行われる。これらの活動は，プランニング・執筆・推敲の順に一巡するという直線的なプロセスではなく，再帰的なプロセスであることに注意が必要である。図7-1に示すように，作文プロセスに対するモニタリングを行い，必要に応じて各プロセスを行き来しながら文章を仕上げていくので

第7章　作文のプロセスと指導

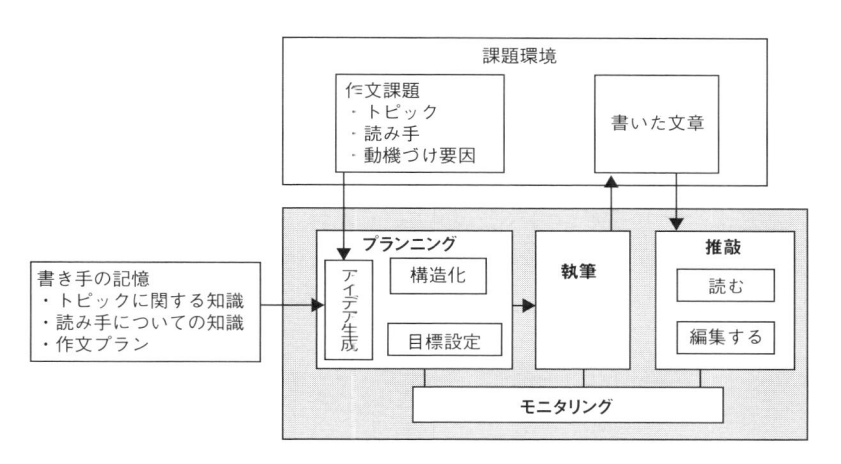

図7-1　作文の認知過程（Hayes & Flower, 1980をもとに作成）

ある。したがって，たとえば，推敲のあとでプランニングをやり直したり，プランニングの変更を元に推敲し直したりすることが頻繁に行われる。前述した熟達した書き手と未熟な書き手のプロセスを比べてみると，これらのプロセスにおける時間と質，繰り返しの頻度と質において差異が見られると言えるだろう。

　HayesとFlowerのモデルからは，よい文章を書くためには，認知プロセスがうまく機能することだけでなく，課題環境と書き手の記憶内容が重要であることも指摘されている。課題環境とは，書き手の外にある要素すべてを含んだ外的リソース全般を指している。したがって，読み手の存在のような課題に関連する要素や，書き手自身が書いた文章がここに含まれる。一方，書き手の記憶としては，トピックに関する知識や作文に関する知識が挙げられる。

2節　作文プロセスからの介入

　「どうすればよりよい文章が書けるようになるか」という問いに対しては，HayesとFlowerの提案したモデルをもとに，作文の下位プロセスに焦点化した検討が行われている。以下では，プランニングと推敲に焦点を当て，検討を進めたい。

1．プランニングを改善する

　先に述べたように，未熟な読み手の特徴は，どのような文章を書くか，その目標やプランを定めずに，いわば「無計画に」文章を書き始めてしまうところにある。そこ

91

で，プランニングを促すようないくつかの仕掛けをつくることで，書き手の文章の質を向上させることを狙った実践的な試みがいくつかなされている。

　たとえば，アイデアのブレーンストーミングを行うことや，アイデアを整理して構成を考える方略を指導するという実践が代表的なものとして挙げられる。説得的な文章を作成する場合であれば，この段階で「主張は何か」「根拠としてどのようなものが挙げられるか」「反駁としてどのようなものがあり得るか」といったことについて考え，構成を整理していくことがこの段階での指導となる。

　Kellog（1990）は，プランニングとして，アウトラインを書く条件，箇条書きをする条件，概念ネットワークを書く条件と，何もプランニングを行わずに文章を書く条件の四つを比較し，アウトラインを書く条件と箇条書きを行う条件において，他の2条件より質の高い文章が書かれたことを示した。一方，岩男（2001）は，Kellog（1990）の概念ネットワークが作文の質向上につながらなかったのは，情報間の関係が明らかになるような図でなかった（図7-2）ためではないかと指摘し，より階層関係が明確になるような概念地図（図7-3）を用いることで作文が促進されるのではないかと考えた。また，岩男（2001）は，箇条書きの場合，因果関係が読み取りに

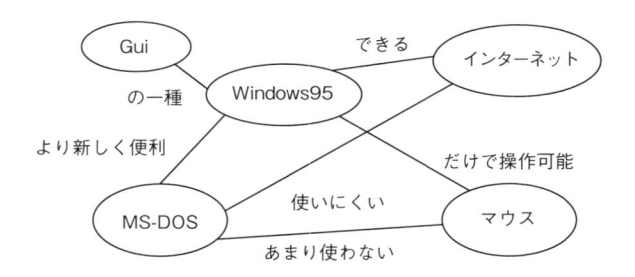

図7-2　情報間の関係性が不明確な概念ネットワーク（岩男，2001より）

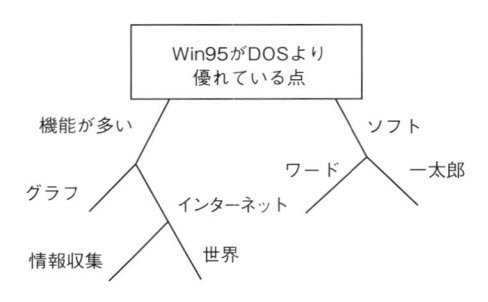

図7-3　階層性の明確な概念地図（岩男，2001より）

くいという難点があることも指摘し，概念地図を用いる条件，箇条書きを行う条件，プランニングを行わない条件，の3条件を比較している。

その結果，プランニングに概念地図を用いた条件の対象者が書いた文章が，他の2条件よりも「理解しやすい」と評価された。また，プランニングを行わなかった条件と比べると，概念地図を用いた条件と箇条書きを行った条件の作文の説得力が高く評価された。箇条書き条件の作文は最も文字数が多かったが，執筆にかかった時間も最も長かった。以上の結果から，プランニングにおいて，情報間の関係が明確になるような概念地図を用いることで，わかりやすく説得力のある文章を書くことが促進されることが示されたと言える。箇条書きにもわかりやすい文章を書く効果が示されたが，概念地図ほど効率はよくないと考えられる。

いずれにしても，論理的に書くためには，まずプランニングにおける情報間の関係の明確化が重要なことがわかる。

2．推敲を改善する

どのような文章であれ，書かれた後には必ず推敲が必要になる。論理的な文章ならばなおさらである。推敲に関する研究は，これまで，言葉の見直しのような表層的な修正と，意味の変化を伴う深層的な修正スキルの比較に注目したものが多かった。たとえば Faigley & Witte（1981）は，書き手の書く技術によって表層的な修正と深層的な修正を行う割合が異なることを示している。その割合は，プロの書き手では表層対深層で2対1，書く技術の高い学生で3対1，書く技術の低い学生で7対1であった。推敲の能力は，書き手の能力によって変化するのである。

論理的文章の推敲段階では，表面的な書き換えではなく，深層的な修正による内容の本質的な向上が目指される。たとえば学術論文は，長文かつ高度な論理性が求められるがゆえに，執筆に時間を要し，その過程で何度も本質的な推敲が行われる。このような，より本質的な推敲はどのように行われているのだろうか。

椿本（2010a，2010b，2011）は，文章産出過程で，しばしば「その文章の完成度を様々な側面から向上させるため，あえて一時的に書き進めることを中止する」という，いわゆる「文章を寝かせる」行為（以下，寝かせ）に注目した。寝かせは，書き手が比較的よく行う推敲方略であり，その必要性や効果は経験的に認められている。たとえば，辰濃（1994）は，文章を書いたらしばらく「冷やす」ことを推奨し，「十分に冷やしたうえで，読み直す。そうすると，見えなかったものが見えてきます」と述べている。

Anderson（1980）は，創造的問題解決過程の一部である孵化（Incubation）と寝かせとの類似性に言及した。孵化とは，当該問題の直接の解決手段の考察は保留し，問題そのものを温める時期である。創造的問題解決過程における孵化の段階のメカニ

ズムは明らかになっていないが，創造的思考のメカニズムを探る一つの方向性として，孵化の段階は注目されてきている（阿部，2010）。

これらの先行研究が指摘しているように，文章を推敲する過程は，問題解決的である（Flower et al., 1986；Faigley & Witte, 1981）。ただし拡散的ではなく，収束的な問題解決過程であろう（深谷，2000）。その理由を深谷（2000）は，「推敲では，初期状態および目標状態が明確である場合が多く，適切な表現を目指す」からだと述べている。

Hayesら（1987）は推敲のプロセスに注目し，推敲の認知過程（図7-4）を示している。この過程では，推敲すべき問題を決定した後にそのための方略を選択する。その方略の一つである「延期（Delay）」は，寝かせの概念に近いと考えられる。

修正の認知過程には寝かせに近い概念が組み込まれている一方で，書き手の寝かせに対する認識や主観的意義を明らかにした研究は少ない。椿本（2010b）は，それらを書き手への質問紙調査から明らかにしようと試みた。寝かせについて連想する表現を一つ自由回答してもらい，その回答および回答の理由を探索的に分析した。

まず，「寝かせ」を異なる一言の表現で言い換えてもらい，言語データを取得した。形態素解析と意味に基づいたカテゴリーの検討を行った結果，三つのカテゴリーが得

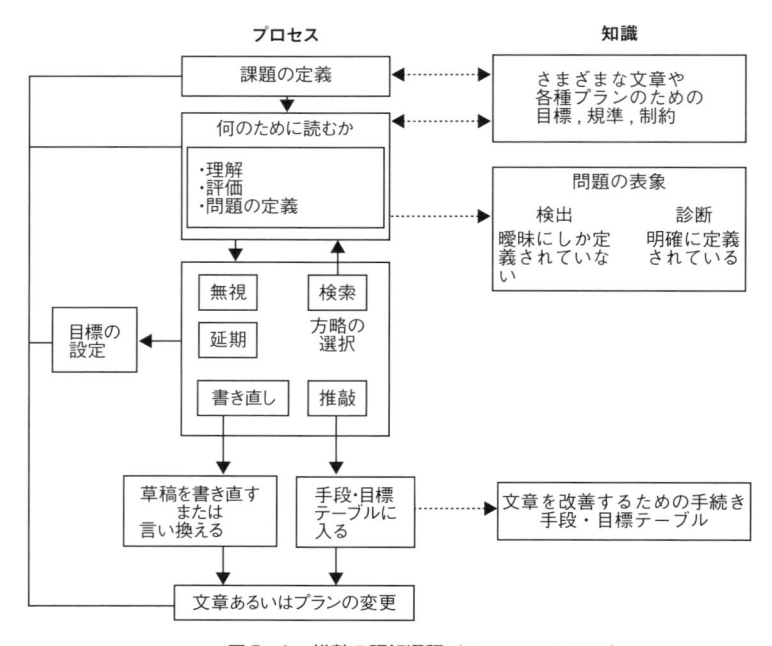

図7-4　推敲の認知過程（Hayes et al., 1987）

表7-1 「寝かせ」の言い換え語のカテゴリー分類

カテゴリー名	回答者数	言い換え語
保留・停止	8	ペンディング，一休み，保留，放置，クールダウン，一時停止，執筆休止，推敲保留，冷やす
書き手から読み手への交代・変化	3	役割交代，人格交代，推敲，変える，見直し，言い換え
問題状況の変化	3	熟成，潜伏，孵化，充電

られた（表7-1）。

「その他」以外の三つのカテゴリーに注目すると，最も多かった連想は，執筆を一時停止する「保留・停止」であった。執筆の行き詰まりや他の仕事をしなければならないなどの理由から，「文章から離れて別のことを行う」ために生じる寝かせである。ただし，離れる理由は明確ではない。次に多かったのは「書き手から読み手への交代・変化」であり，書き手ではない別の立場（読み手）に変化するための寝かせである。この寝かせの理由は，「保留・停止」と比べて明確である。すなわち，書き手から読み手に立場を変え，新鮮な視点を持って引き続き文章に関わるためである。最後は「問題状況の変化」である。言い換え例では，思考プロセスの潜在的な進行が表現されている。この寝かせは，文章修正に積極的に取り組むわけでもなく，原稿のことを完全に忘れるわけでもなさそうである点で，前の二つのカテゴリーとは質的に異なる。ここには，「原稿を寝かせている間に自我とは別のプロセスが自動的に働くことで，文章を修正する機が自然と熟する」といった，意識的・積極的というよりも，無意識的・受動的な姿勢がうかがえる。以上より，書き手が持つ寝かせの認識は，主に3種類あることが示唆された。

次に，前述した連想語を答えた対象者に「そのように答えた理由（連想のより詳細な内容）」を回答してもらった。この答えから，寝かせの多様な意味がより詳細に分析できると考えられたためである。

回答を分析すると，4クラスタにまとめられた（図7-5）。以下，主な3クラスタに注目する。まず第1象限には，「熟成」「停止」「思いつく」「（アイデアが）出る」など，寝かせの最中や直後の現象や行動が表れている。寝かせている最中の思考の熟成や一時停止によって，新たな修正案が思いつくのである。次に第2・第3象限には，「読み手」「自分」「客観」「プロセス」など，寝かせの定義と言える言葉が示されている。第2，第3象限の言葉からは，寝かせが，「読み手を思い，自分を客観化するプロセス」であるということがわかる。最後に第4象限には，「書く」「エネルギー」「読む」「入れ込み」など，文章産出活動と寝かせ後の読解活動が示されている。つまり，書く際はエネルギーを使って文章の世界に入れ込むが，寝かせ後に自らが産出し

第2部　論理的文章を書く

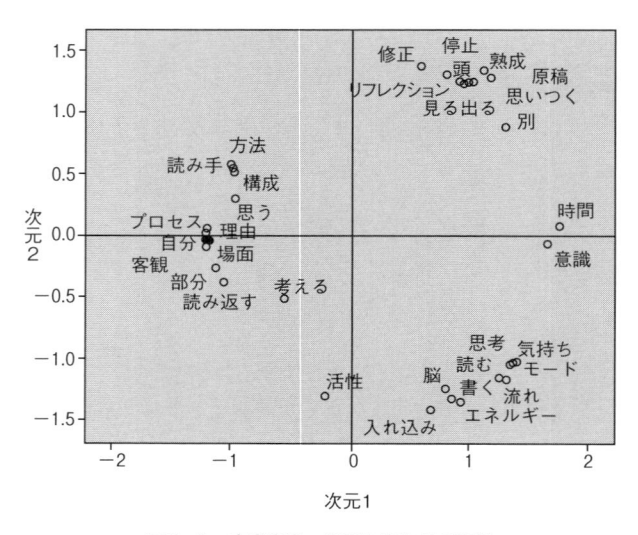

図7-5　文章産出・読解と寝かせの関係

た文章を読解する際には，思考・気持ち・モードを，書き手から読み手のものに交代しているのである。

　この分析から，書き手にとって「寝かせ」が「客観的な視点を得るためのプロセス」として認識されており，思考やアイデアなどを読み手の立場に立って再検討することで，新たなアイデアを得たり，内容の熟考が促されたりするものとして機能していることがわかった。文章の質を向上させる修正は，書き終わってからではなく，文章産出の最中に行われるものである（Faigley & Witte, 1981）ことから，文章産出中に寝かせによる推敲を行うことは，文章の質を向上させるかもしれない。また，書き手の読み手意識の有無と文章の質とは結びついている（深谷，2000）ことからも，寝かせによる読み手意識の促進によって文章の質に及ぼす正の効果が期待できよう。

3．プロセス全体を視野に入れる

　Graham（2006）は，プランニングや推敲についての方略指導の効果をメタ分析によって検討している。その結果，方略指導の効果が全般に高いこと，特に自己調整学習の視点から提案されている「SRSD（Self-Regulated Strategy Development）モデル」に即した指導の効果が高いことを示した。Graham（2006）が検討した研究論文の半数以上がSRSDに即した指導を実施しており，SRSDが作文の方略指導を実施する際に広く参照されているモデルであると言える。

　SRSDの特徴は，個々の学習者が必要とする方略を吟味し，自発的に方略を用いた

表7-2　SRSDの6段階

第1段階	背景知識を活性化する	課題（作文）や方略について何を知っているかを明らかにする
第2段階	方略について議論する	学習者にとって必要な方略は何か，話し合いながら決定していく
第3段階	方略をまね（model）する	モデルや指導者が方略を用いる様子を見てまねしてみる
第4段階	方略を覚える	モデルがいない状況で，方略を使ってみる
第5段階	方略をサポートする	自分で方略を用いることができるようにコントロールする
第6段階	自分でできるようになる	自発的に必要な場面で方略を用いる

執筆を行えるようになることを目標として体系的な指導を行う点にある（表7-2）。また，認知プロセスの一部に焦点化するのではなく，プランニングから推敲までの一連の認知プロセスを視野に入れた方略のセットとして提示していることも，SRSDの特徴といえる。一連の認知プロセスをふまえた方略セットを自発的に用いるため，方略を記憶しやすいような名前でまとめる（たとえば，覚えやすい標語にする，複数の方略の頭文字をつなげると意味ある単語になるように提示するなど）という工夫がなされることも多い（例として，De La Paz & Graham, 2002）。

3節 「他者」を活かす

　前節までは心理学的な研究をもとに，作文の認知的プロセスについて概観してきた。その中で，論理的作文には「プランニング」「推敲」という「まさに執筆しているとき以外の段階」が重要な意味を持つこと，そして，その各段階および全体をサポートする方略が提案され，その指導が効果をあげていることが示された。これまでに紹介してきた介入では，作文のプロセスは個人の中に閉じたものとして想定され，書き手が自分で「自らの理解を表現し，その表現を吟味し理解を洗練させる過程」（伊東，2001）を向上させることを目指した介入が行われていた。
　一方で，書くことを個人の中で閉じるのではなく，「他者」を活かすことで作文が促進されることを示す知見も近年増えてきている。本節では，他者がどのように個人の作文プロセスに関与しうるかを見てみよう。

1．他者の視点からの検討とメタ認知的活動

　プランニングや推敲のスキルを身につけ，それを作文プロセスにおいて実行していくうえで，重要な役割を担うのがメタ認知的活動である。メタ認知的活動は，「モニ

タリング」と「コントロール」に大別することができる（三宮，1996）。メタ認知的モニタリングとは，「現状と目標状態の差異を判断すること」（Nelson & Narens, 1994）と定義される。Hayes & Flower（1980）のモデルにおいても，プランニング・執筆・推敲のすべてに関わるプロセスとして表現されている（図7-1）ことから，このプロセスが重要であることがわかる。しかし，一方でプランニングや執筆，推敲といった作文の認知プロセスに従事しつつ，現状と目標状態を比較して判断を下すというのはたいへん複雑で実行が難しいということが推測できる。Nelson & Narens（1994）は，作文の認知プロセスとして表されるような課題解決そのものに関わるプロセスを「対象レベル」，そこでモニタリングを行うプロセスを「メタレベル」と呼んだ。作文においても，対象レベルとメタレベルの両プロセスをいかにうまく実行していくかが重要なのである。

　Inuzuka（2005）は，前述したような複雑な状態から，このメタ認知的モニタリングのプロセスだけを取り出して，より単純な課題としたトレーニングを実施することの効果を検討している。この研究では，中学2年生が対象となり，一回50分の授業で4日間，「他者の文章の評価を行う」ことが彼らの作文の質にどのような影響を与えるかが検討された。この際，実験者は，一人で評価を行う「個人条件」，4人グループで評価を行う「グループ条件」，一人で評価を行ったあとでグループで検討する「個人－グループ条件」の3条件を設けた。介入では，対象者は，まず他者の書いた作文を読み，10点満点で評価を行う。その後，なぜその点数にしたのか，どのような改善が必要か，を述べることが求められた。「グループ条件」では，この活動を話し合いによって行い，「個人条件」では自分が考えた内容を記述するよう指示された。「個人条件」では，各自の記述が終わった後，3名に記述内容を発表させていた。したがって，「個人条件」の対象者も，他の2条件と同じだけ他者の意見を聞くことはできたことになる。「個人－グループ条件」では，自分の考えを記述したあと，グループで各自の書いた内容をもとに再検討を行い，統一した観点として記述するよう求められた。このように活動の内容に違いはあるものの，全体として要した時間は3条件でほぼ同等であった。

　活動の前後で作文を書いた以外には，対象者が作文を自分で書く機会はなく，彼らは「他の中学生が書いた作文（実際は研究者が中学生の作文をモデルに執筆したもの）」を読み評価する活動のみに取り組んでいた。4日間の活動の前後に書かれた彼らの作文を，読みやすさ・段落構造の適切さ・主張の一貫性・適切な根拠・説得力・結論の明確さの六つの観点から評価したところ，「個人－グループ条件」の活動後の作文が高く評価され，「個人条件」の対象者の作文に対する評価との間に有意な差が見られた。

　この研究から，作文を書くのではなくモニタリングに特化した活動によっても，作

文が向上することが示された。では，そうした効果が「個人－グループ条件」において特に見られたことにはどのような意味があるだろうか。

　Inuzuka（2005）では，この結果が「多様な観点の主体的形成」によって生じたのではないかと考察している。「グループ条件」の活動中の記述について調べ，初回と最終回を比較してみると，観点の種類が減っており，より偏った観点のみからモニタリングを行うようになっていることがわかった。このことから，グループによって話し合うことは，観点の多様性を確保するためには必ずしも効果的ではなく，むしろ他者の意見に引きずられて作文を評価する際の観点が偏ってしまったのではないかと考えられた。一方，「個人条件」と「個人－グループ条件」では，観点の種類が維持あるいは増加していた。この両条件の間で，最終的な作文の評価に差がみられたのだが，それには「その観点をどのくらい深く処理していたか」ということが関わっているのではないかと考えられた。「個人条件」では，他者の記述がただ読み上げられただけであった。発表者以外の対象者は，発表されている内容を自分の記述に加えてメモすることが許されていたため，「個人条件」の対象者の記述の種類は多くなったと考えられる。しかし，そこで対象者がどのくらい発表された観点について熟考していたかどうかは不明である。発表された内容を機械的に写していただけだとすると，記述上は観点が多様であっても，深く処理された観点の数自体は多くならない。一方，「個人－グループ条件」では，各自が提示した記述について再検討し，まとめ直すことが求められていた。そのため，対象者はそれぞれの観点についてよく検討し，共通点や差異を考えなくてはならなかったはずである。「個人条件」では，表面的に観点が増えたように見えるかもしれないが，「個人－グループ条件」のような深い処理がなされていなかったのではないだろうか。

　以上のように考えると，Inuzuka（2005）からは，作文におけるモニタリングをより効果的に行うためには，モニタリングに特化したトレーニングにおいて，多様な観点を主体的に形成する経験が有効であることが示唆される。

２．プロセスを再認識させる存在としての他者

　伊東ら（1998）は，企業内研修での説明文作成において，協調状況下でのプランニングと相互説明を取り入れた指導を行っている。グループで話し合いながら説明文の構成を立て，その後グループ間で自分たちのグループの構成を説明し批評しあう活動を行った。その結果，対象者は，作文の構成やわかりやすさ，表現の工夫といった観点において，指導前より高く評価される文章を書くようになり，しかもその効果が一年後も持続していた。伊東ら（1998）は，こうした効果が得られたことの一因として，プランの説明と批評が，「自分の説明文産出過程をモニターする機会と観点を学ぶ」ことにつながるとともに，「他者のプランやプランを文章表現に変換する方法を一種

の問題解決事例として学ぶ」ことができたためではないかと考察している。単に他者を意識するだけでは得られにくく，直接的な批判検討がなされたことによる効果の一例とみることができるだろう。

このように他者と直接的に協調して作文を行うのは，場所や時間の制限が大きいことが実践においては難点となる。そうした難点を補い，さらに作文の質を向上させるための方策として，授業内外でのICT（Information and Communication Technology）の活用が検討されている。まずは授業内での活用例を見てみよう。冨永・向後（2007）は，ブレンディッドラーニング環境下でのライティング授業におけるグループワークの効果として，グループワークに多く出席した学習者ほどグループワーク後の文章の質が向上することを示した。その理由として冨永らは，書き手が協調して執筆を行う他者に対して自らの文章産出プロセスを再説明したことを挙げている。説明を行うためにはプロセスを客観視する必要が生じる。このような説明活動が学習者のメタ認知を促進させ，文章の書き方に関する理解を深化させたのである。

3．もう一人の書き手としての他者

冨永・向後（2007）の研究では，協調執筆における他者は「書き手の考えやプロセスを伝えられる相手」という意義を持つことが指摘されている。また伊東ら（1998）では，協調状況下での検討を通してプロセスの再認識や他者の解決方法を学ぶといった，いわば間接的な関与が示唆されている。しかし，協調執筆における他者は，書き手の執筆を助ける役割をより直接的・積極的に持つこともできるのではないだろうか。

一般的な作文指導では，学習者と採点者が一対一で対峙し，採点者のコメントを返すというやり取りが行われる。ここでは，採点者は書き手の作文をよりよくする協調執筆者として位置づけることができる。しかし，採点者のコメントをふまえて改稿した原稿までは指導の対象としない場合がほとんどである。つまりこの「採点モデル」では，協調執筆における他者（採点者）が書き手の執筆をどのように助けているかが明らかでない。また，この採点モデルのもとでは，①同じ課題に取り組んでいる他の学習者の文章を見て参考にできる機会が少ない，②コメントを理解するために質問したくても質問する機会がない，③コメントに基づいた推敲や改稿の機会がない，という問題が存在している。そのため，そもそも読み手としての他者が書き手の執筆を積極的に促すような環境がつくれない。

では，どのような環境であれば，他者が書き手の執筆を積極的に支援する協調執筆につながるのだろうか。まず，一対一の対面状況では，時間的な制約などから持続的な協調執筆を行うことが難しい。これを解決する一つの手段として，通信教育やインターネット環境の活用が考えられる。わが国の通信教育産業においては，長年にわたって意見文（小論文）指導が行われてきている。しかし，これまでの通信教育での

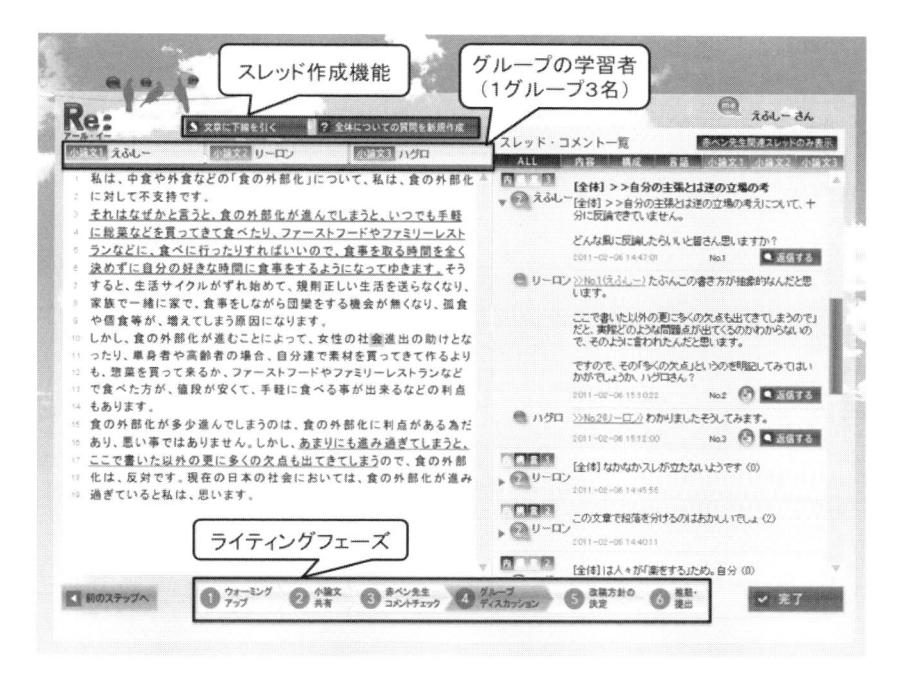

図7-6　Re：上での協調推敲活動

　作文指導は，前述した採点モデルに基づいており，積極的な他者の関与のある協調執筆の場とはなっていない。採点者からの一方的なコメントが指導されるだけでなく，書き手同士がお互いの作文に関わることで，他者の関与がより積極的になされるのではないだろうか。

　また，複数の書き手が集まることで，多様な能力や技能を持つグループメンバーが集まる可能性がある。その利点としては，共に課題を遂行することで自らの不全感を解消できる（Hickey, 1997）ことや，自分は知っているが他者は知らないという状況下では知識の交換が促される（Aronson et al., 1978）ことがあげられる。したがってグループ内で学習者の能力の多様性を確保することで，学習者が多様な知識にふれあい，なおかつ学習効果を一定近くに保つことができる協調推敲環境を設定できる可能性がある。

　高橋ら（2011）と椿本ら（2013）は，前述したアイデアに基づき通信教育の学習場面を想定した文章推敲支援システムを通じて，より積極的な他者の関与が行われる協調執筆の環境「Ｒｅ：」（図7-6）を作成した。ここでは，Re：を紹介するとともに，他者が文章作成の質に影響を与えていった過程を見ていこう。

（1）Re：の概要

　Re：は，高校生を対象に，産出した意見文をグループ内で共有し，相互に読み手となり，協調推敲することができるシステムである。作文についてのコミュニケーションを考えるとき，Re：によって，作文を読み手とのコミュニケーションという文脈の中で完成させていくことが可能になる。

　Re：の画面は左右に分割されており，画面の左側にはグループ内の学習者が提出した意見文が共有・表示される。また，左側上部のタブを切り替えることで，各意見文を見比べることができる。右側には意見文へのコメントや質問をスレッドとして立てて議論することができる。画面上部には，スレッド立てのための「意見文への下線引き」と「全体についての質問作成」のツールが備わっている。下線引き機能では，意見文の議論したい部分に下線を付与することができる。下線部分をクリックすることで，その部分にリンクしたスレッドを作成できる。また，全体についての質問作成機能では，意見文全体について議論するスレッドを作成できる。以上のように，Re：には意見文の共有と議論のための機能が備わっている。意見文の共有機能と下線引き・質問作成機能では，学習者が互いの意見文の問題箇所を明確にして共有できる。またスレッド作成機能では，互いの意見に返信し合いながら推敲を行うことができる。

　学習者は，Re：上のライティングフェーズに沿って議論と推敲を進める。ライティングフェーズとは，Re：で協調推敲と個別推敲をスムーズに行うために設定した学習の流れである。フェーズは，①ウォーミングアップ（グループの学習者は初対面であるため，アイスブレイクを必要とした），②意見文の共有（それぞれの初稿を画面左で共有），③赤ペン先生コメントチェック（それぞれの初稿に対して，事前に評価者から付与された「改稿ポイント」のうち，指示内容がわかりにくいなど，グループで議論したいコメントを選択），④グループディスカッション（選択したコメントを中心に，互いの初稿をどのように修正すべきかをスレッドを使って議論），⑤改稿方針の決定（議論で出た改稿のアイデアを取捨選択），⑥推敲・提出（初稿を改稿），の計六つである。書くことの再帰性を確保するために，学習者らは必要に応じてフェーズ間を行き来することができた。

（2）Re：における作文の協調執筆の過程

　学習者には，Re：を利用する前に個別に意見文を執筆させた。その意見文に対して，内容・論理構成・言語使用に関する分析的項目33個と全体的項目1個を用いて，2名の評価者が評定値と，分析的項目で低い評定となった観点に関する改稿ポイント（例：自分の主張とは逆の立場の考えについて，十分に反論できていません）を付与した。

　グループメンバーの改稿ポイントを含む意見文の全文をRe：で共有させ，ライティングフェーズに沿って議論させた。その後，議論で得た修正案をふまえて個別に

推敲させ，最初に書いた意見文を改稿させた。そして評価者らは，改稿後の意見文を改稿前と同様の項目で再評価した。

　グループは3名で1グループとし，実験群と統制群の2種類を設定した。文章産出における得意な（最初の意見文の評価で高得点であった）観点（内容・論理構成・言語表現）が3名とも異なり，グループ内の能力の多様性が確保できているグループを実験群とし，3名の観点（能力）が等しいグループを統制群とした。

　推敲前と推敲後の全体的評価項目の評定値の差についてグループごとに検討すると，実験群で有意な向上が見られた。一方，統制群では有意な差は見られなかった。また，各グループの推敲前後の得点差に注目すると，実験群ではどのグループでも安定して得点の向上が見られた。一方，統制群ではグループごとのばらつきが大きく，ほとんど得点の向上が見られないグループもあれば，大きな変化が見られたグループもあった。つまり，実験群では，学習者が一定の学習効果を得られる一方で，飛び抜けて得点を向上させることは難しいという傾向が見られた。統制群では一定の学習効果が得られることが保証されない一方で，飛び抜けて向上する可能性もあるということが考えられる。対面でフォローできる機会が少ない通信教育という遠隔教育環境では，学習効果が安定していることが望ましい。能力に違いのある参加者をグループにすることで，グループ間の差を小さくすることができることが示唆された。

　次に，実験群と統制群のうち，推敲前後で大きな変化の見られたグループの特徴を，スレッドのディスカッションログから探ってみよう。

　実験群で大きな向上が見られたグループでは，初期の議論は浅く停滞気味であった。しかし，全体的には，内容・構成・言語使用の各得意分野を活かしたコメントがなされていた。それぞれのメンバーが立てたスレッドを見てみると，言語担当が立てた言語に関する改稿ポイントのスレッドでは，構成と内容の担当それぞれが，各自の担当の観点から妥当性の高い修正案を提案していた（表7-3）。また，内容担当が立てたスレッドでも，内容担当が提案した修正案に対して，構成担当が自身の観点からその案の実現可能性について慎重な検討を加えていた。さらに，メンバーの提案を鵜呑みにするのではなく，再質問を行うなどして，案の妥当性を検討したうえで慎重な受容がなされていた。このグループのスレッド合計数は10であり，それほど多いわけではなかった。しかし，構成や内容面の問題点に対して，自らの得意分野の観点を活かした修正案を出し，多面的なピア・レスポンスが行われていたことがわかった。

　次に統制群で大きく向上したグループについて検討する。このグループでは，ディスカッションの序盤はそれぞれが自分の意見文を取り上げていたが，中盤になると他者の意見文も取り上げて，メンバー全体に目を向けながら議論を行っていた。それぞれのメンバーが立てたスレッドを見ると，内容担当と言語担当はおおむね役割に基づく「改稿ポイント」を拾い上げてスレッドを立てていた。しかし，構成担当者が構成

表7-3 実験群グループの言語に関するスレッド例

スレッド内の やりとりの順序	ニックネーム	役割	発言
1	ハグロ	言語	［全体］一文一義て、どいうことですか。
2	えふしー	内容	≫ No.1(ハグロ) 1文にひとつの内容について書けばいいのではないでしょうか。 この場合だと、 惣菜＝中食 ファミレス＝外食 というように2文に分けたらどうですか？
3	ハグロ	言語	≫ No.2(えふしー) なるほど。 ひとつの文章にたくさんの意味を加えてはいけないということだと思います。
4	リーロン	構成	この文の場合、 「(不支持の理由の断言) 　(↑その訳（ファミレスと惣菜という二つの例)) 　(それによって何が起きるか)」 　こんな風に段落を分ければよくなるのでは？

表7-4 統制群グループの言語に関するスレッド例

スレッド内の やりとりの順序	ニックネーム	役割	発言
1	エゴエゴ	言語	論文で僕は不適切だと思います。
2	ゆっきー	内容	≫ No.1(エゴエゴ) 一人称が「私」「自分」「僕」と三つあるのでひとつに絞ったほうがいいと思います。
3	エゴエゴ	言語	≫ No.2(ゆっきー) 絶対、「私」で統一！
4	だい	構成	≫ No.1(エゴエゴ) 自分も論文は自分には不適切だと思います 一人称が混ざってしまいました。気をつけようと思います

に関する改稿ポイントで立てたスレッドは一つのみであり，しかも議論の内容は構成ではなく内容に関するものであった。言語や内容と比べると，構成は文章の深層的な部分に関する項目であり，本来，内容が得意なメンバーにこの役割を付与するのは負担が大きかったと考えられる。このグループのスレッド数は20と多いものの，言語面の問題点をピンポイントで指摘し改善案を受容しているだけのものが多く，メン

バー間で掘り下げた議論を行っているものは少なかった（表7-4）。

このように，全体として向上が見られたグループであっても，メンバーの多様性によって行われていたやり取りに違いが見られた。多様なメンバーの揃った実験群のグループのほうが，より多面的なやり取りがなされており，各メンバーが主体的に検討を進めていることがわかる。作文の推敲を共同で行う場面では，他者によって観点が多様になること，そして他の書き手に依存するのではなく，各書き手が主体的に関与することが重要だと思われる。

4節　カリキュラムとしての作文指導とその評価

前述してきたように，様々な試みがなされ，授業内外での論理的な作文の指導実践やシステムが提案されてきている。では，教育カリキュラムとして作文指導はどのように位置づけられているのだろうか。

1．教科書の変遷から

まずは，清道（2010a, 2010b, 2012）による教科書の分析を中心に検討してみよう。清道（2010a）は，1958（昭和33）年からほぼ10年ごとに1998（平成10）年までの小学校第6学年の国語の教科書の分析を行い，意見文を書くことがどのように扱われているか，量的な検討を行っている。

その結果，意見文を書くことの扱いは経年であまり変化がなく，約半分の教科書で取り上げられるにとどまっていた。これは，ほぼすべての教科書で生活文や報告文が取り上げられているのとは対照的であると言える。島村（2008）は，教師が小学生に書かせる作文としては生活文が圧倒的に多く，意見文を書かせる機会は非常に少ないことを指摘している。小学校のカリキュラムの中で意見文を書くことが積極的に指導されているとは言えないようである。

意見文の作文が取り上げられにくい原因として，清道（2010a）は，年少の子どもにとって，意見文を書くことが困難であることを指摘している。報告文や生活文は，身のまわりの出来事を時系列の通りに記録したりまとめたりすることが主である。それに対して，意見文の構成のためには，自分の思考を論理的に構成し直す必要がある。意見文を書くためには，児童は自分の思考を見直し，新たなスキルを身につけなくてはならない。

では，中学校や高校の教科書ではどうだろうか。清道（2010b）は，学習指導要領の改訂に合わせ，昭和59～61年，平成5～8年，平成18～21年の三つの年代における中学校国語科の教科書を分析している。書くことに関する指導単元の全ページ数に

占める文種ごとの割合を見ると、昭和59〜61年にはほぼ半分（46%）のページを占めていた生活文の割合が低下していき、平成18〜21年では13%になっている。一方、それ以外の文種はページ数を大幅に増やしている。意見文は12.1%から21.4%と大きく増加し、説明文も1.6%から8.8%に増加している。清道（2012）は、高等学校の教科書では、意見文を扱う教科書が90%以上であることも示しており、論理的な作文は、中等教育段階がその本格的な取り組みのスタートと言えるだろう。

では、その指導内容はどのようなものだろうか。清道（2010b）は、意見文の指導が教科書で取り上げられている場合でも、具体的な構成方法が解説されることが少なく、少数の構成例が示されるにとどまっていることを指摘している。その場合、生徒はどのような構成が適切なのか、構成の型による違いはどのようなところにあるのか、という具体的な指針を得ることができず、構成についての知識を十分に得ることはできない恐れもあるだろう。

また、作文の認知プロセスの観点から考えると、プランニング、執筆、推敲が再帰的に繰り返される点が重要であった。清道（2012）は、2007（平成19）年度の高等学校の国語科教科書では、約6割が5種類以上の文種の書き方について説明していることを示している。一方、「どの教材もプランニング（特に、材料集めと構成）と記述の解説が中心で、推敲の扱いは少なく、言及されていたとしても『推敲する』という指示だけであることが多かった」と述べている。また、書くことの再帰性に触れた教材はなく、作文のプロセスは一方向的なものとして示されていることがわかった。

2．評価の観点から

次に、評価の観点から考えてみよう。教科書の分析から、論理的文章の作文が学校教育の中で評価の対象となる機会は少ないと考えられる。高校入試や大学入試は、学校や教員にとっても学習者にとっても最も重大な評価場面であるが、ここではどうだろうか。大学・短大を目指す高校生を応援する進学応援サイトであるBenesseの「マナビジョン」に掲載されている2012年度入試の小論文出題のうち、400字以上の記述を求めることが明記されているものを取り上げ、学部単位で出題をまとめた（同大学同学部で2問以上の出題がある場合は実施学部としては1、課題数は2、として数えた）。

私立大学では、16大学25学部において該当する小論文の出題が29課題あった。これらの課題のうち、論拠を示した論理的文章の作文を明示的に求めていたのは2課題のみであった。一方、文章などの題材を提示しその読み取りや要約の記述を求めるもの（例「本文の言葉を用いて『魯迅を借りた長口舌』の例を述べる」）が5課題、書き手に経験や信念を述べさせるもの（例：「『なかったことにする』ことで後悔した体験について具体的に書く」）が6課題見られた。その他は、論理的作文が望まれて

いると考えられるもののそれが明記されていない課題（例：「『教育の重要性』について自分の考えを述べる」）であった。私立大学に関しては，まず，小論文の出題をする大学がかなり限定されていることがわかる。また，その中でもおよそ3分の1の小論文課題は論理的作文の課題とは言えず，論理的作文を評価することを明確に示した出題はかなり少ないということになる。

一方，同様の手順で国公立大学の入試問題を見てみると，より多くの大学（102大学）が小論文の出題をしており，論理的作文を行うことを明示する出題も多かった。一方で，後期のみの実施の場合（32大学）や，少数の学部のみで実施する大学も多く，全体の受験者数が限定的な場合もあると思われる。また，全出題（598課題）のうち，医学・看護系と教育系の学部での出題が約50％（302課題）を占めており，小論文形式の出題がなされる学部には偏りがあることもわかる。

以上のような大学入試問題の現状からは，小論文で論理的に文章を書くことが，重要な評価を受ける対象となる場面を経験する学習者は多くはないと推測できる。したがって，学習者にとって，論理的文章を書くことが評価の対象となる重要な課題として認識されにくいと考えられる。

前述した教科書の分析からは，文種の違いや書き方についての解説が教科書に取り上げられているものの，その記述は十分であるとは言えなかった。また，大学入試問題の傾向からは，文種による書き方の違いを理解しているか，論理的な文章（意見文や説明文）が書けるか，ということが問われる場面はあまりないと推察された。

このような背景から，論理的な文章の書き方を明確に意識しないまま高等教育に進む学習者が少なくないのではないだろうか。したがって，現状では，論理的な文章の作文の指導の中心は高等教育にあると言えるだろう。中等教育段階での指導をより実質的なものとし，段階的な学習が可能になることが望まれる。

5節　本章のまとめ

本章ではまず，作文の認知プロセスのモデルを紹介し，「プランニング」「執筆」「推敲」の三段階を中心とした方略指導について概観した。各段階に特化した方略を用いることも有効であるが，作文の認知プロセスの再帰性を考えると，プロセス全体を視野に入れた指導が必要であることも指摘された。また，作文を個人で行うだけでなく，他者が介在することの利点を示す研究例を挙げた。これらの研究から，他者は書き手のメタ認知を高める読み手としての意義を持つだけでなく，執筆プロセスを再認識する存在としても意義があることがわかる。さらに，より積極的に「協調執筆」という形での関わりを考えることもできた。協調執筆を促進することで，その個人の

作文に対する認識やプロセスにも変容が見られることが示唆された。これらの教育心理学・教育工学の研究が蓄積されていく一方で，公教育におけるカリキュラムでは論理的作文の系統的な指導は十分ではないと言える。教科書の記述がわずかであることや，大学入試における重要度の（相対的な）低さからは，教育現場において論理的作文の指導がなされにくいことが推測される。したがって，多くの学習者にとって，論理的作文の指導を受ける機会は限定的であり，そうした作文の必要性を感じたり，学びたいというモチベーションを高める機会も少ないと考えられる。論理的作文についての指導は，実質的には高等教育が担っているのが現状だと言えそうである。

第8章 第2部まとめ
―― 書くこと，伝えること，考えること

1節
論理的な文章のよさとは

　論理的な文章を書く教育の目的は，単に学校で文章を書く課題でよい点数をとる，ということにとどまらない。第1部でも指摘したように，情報技術の進歩から，情報を受け取るだけでなく，文章で自分の持っている情報や意見を発信することが多くの人にとって当たり前の日常的な活動になりつつある。そのような書く活動を通して，私たちは他者と協調し，唯一の正解のない問題に，より適切なやり方で立ち向かおうとしている。論理のごまかしをあばき批判するだけでなく，自らの考えを整理し，新たな考えを明確に表現できることが，現代を生きていく上で必須のスキルとなりつつある。したがって，論理的な文章を書くことは，学習者の人生における可能性に関わるテーマだと言える。

　第2部では，まず，「論理的なよい文章」とはどのようなものかを二つの観点から考えてきた。

　第一の観点は，第5章で示した論理的文章の「評価」の観点である。どのような文章が「よい文章」として評価されるのかを検討してみると，意外なほどその評価が困難であることに気がつく。人間が文章を読んで評価する際には，バイアスの存在や評価基準の個人間のズレが存在する。一方，機械は文の論理的つながりや内容を検討することは難しく，文章に含まれている単語の種類や数からその文章の「論理的よさ」を推定することしかできない。

　しかし，文章のよさとしてどのような観点を設けているかという点からは，どのような文章を高く評価する「べき」だと我々が考えているかがわかる。「論理的なよい文章」の特徴として，①わかりやすく構造化されていること，②説得力があること，が重視されている。確かに，読み手はこれらの要素のみから文章のよさを判断するわけではなく（あるいはそうすることはできず），一貫した評価にはならないかもしれないが，構造化された説得力のある文章が「よい文章」の条件として重要であることがわかる。では，構造化された説得力のある文章を書くためにはどうしたらよいだろ

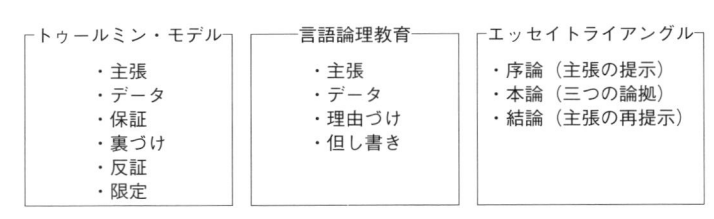

```
┌─トゥールミン・モデル─┐ ┌─言語論理教育─┐ ┌─エッセイトライアングル─┐
│ ・主張         │ │ ・主張    │ │ ・序論（主張の提示）    │
│ ・データ       │ │ ・データ  │ │ ・本論（三つの論拠）    │
│ ・保証         │ │ ・理由づけ │ │ ・結論（主張の再提示）  │
│ ・裏づけ       │ │ ・但し書き │ │                         │
│ ・反証         │ │           │ │                         │
│ ・限定         │ │           │ │                         │
└───────────────┘ └──────────┘ └────────────────────────┘
```

図 8-1　論理的文章の構成要素

うか。

　この問いに答える観点として本書が提示したのは，文章の「型」という第二の観点であった。第6章で紹介したトゥールミンの提案するモデルや井上らの提案する言語論理教育は，論理的文章の構成要素を一定の「型」として示すものである（図8-1）。問題や主張を明確に定義すること，それを支える「論拠」を示すこと，反対意見に対する防衛力を示すこと，などが論理的な文章の重要な要素であることがわかる。これらのモデルは基本的には理論的枠組みを示すものであるが，実証データもこうした型が提案する要素を含めることがよりよい文章を書くことにつながることを支持している。

　O'Keefe（1999）は，トゥールミン・モデルが提案している反証（主張が認められない条件）の提示が説得力を高めるかどうかについて検討した論文のメタ分析を行っている。O'Keefe（1999）は，反証が説得力を高めるためには二つの要因が関連することを示した。すなわち，反証に再反論を行うかどうか，また，何かを宣伝する文章かどうか，によって反証が説得力に与える影響が異なることを見出した。まず，宣伝でなければ，反証に再反論が提示されることで，文章内容の信頼性と説得性を高めることができた。一方，宣伝の場合には，反証のみが示されることで信頼性が向上するものの，説得力は再反論の有無にかかわらず向上しなかった。これらの効果には，読み手の事前の意見の影響は見られなかった。宣伝以外の文章では，事前の賛否にかかわらず，反証と再反論の提示が説得力を高めると言える。

2節　型を用いた作文指導

　しかし，こうした「型」を学習者に教えることには反発も多い。わが国では，自分の気持ちを生き生きと記述することが重視されてきたこともあり，「型にはめる」ことが書き手の創造性や自由を妨げるのではないかと危惧されることがある。作文教育においては，書き手の自由な発想を支持し，「感じたままの気持ちを」「思いつくままに」書くことが理想とされてきた（渡辺，2003）。

こうした危惧は，作文教育において，文種の違いを意識させ，型を用いて書くべき場面を明確にすれば，杞憂に過ぎないのではないか。文章構成から自由に書き手の発想を活かすべき場面と，型に従うべき場面（論文の執筆や説得的文章の執筆）が区別できていれば，書き方に創造性が要求される場面であっても，その創造性が妨げられることはないと考えられる。

　筆者の経験では，文種の意識や型の知識がないことが，むしろ書き手の発想を制限することのほうが多いように思われる。文種の意識や型の知識のない書き手は，「何を書くか」を考える前に，「どのように書くか」を一から考えなくてはならない。そのため，書く内容を十分に検討することができず，手さぐりで考えたことを書いていくことになる。それに対して，「型」に沿って書くよう指示された書き手は，その「型」の中で述べるべき自分の意見に焦点を当て，それを深めていくことができるのではないだろうか。

　さらに推論を述べると，「自由に書く」ことを重視しているはずの日本の作文教育を通しても，学習者は何らかの「型」を身につけているように思われる。たとえば，客観的に意見を展開すべき小論文課題において，自分の経験や自身の反省や抱負といった主観的内容に終始する文章を書いてしまう学習者は少なくない。これは，生活文の「型」なのではないだろうか。学習者は，「型」を指導されなくても自分で「型」をつくり，それに沿って文章を書こうとするのかもしれない。上述したように，「どのように書くか」を決めておくほうが，書き手の負担が少なくなるとすると，「型」を明示的に指導されなかった学習者も，経験的に何らかの「型」をつくり上げているとも考えられるだろう。

　このように考えると，明示的に文種とそれに対応づけた「型」の指導を行うことが，構造化された説得力のある文章を書くことだけでなく，書き手の創造性を高めることにもつながる可能性があるだろう。創造性の高い文章表現を一種の芸術と捉えると，「守破離」の教育モデルとして表現できるかもしれない。すなわち，型に忠実な文章を書くことから始め，その型について熟知していく中で自分にとってよりよい「型」を見出し，最終的に「型」から離れた表現が可能になるというモデルである。文章表現の指導における「型」の意義を，教育の場でより強調することが，創造性を高める上でも重要ではないだろうか。ただし，型を指導することの効果に関しては，実証的な研究が見当たらない。型を重視するにしても，どのような型が適切か，型を与えるべきでない場合はあるのか，具体的な検討がなされる必要がある。

3節　書き手の認知プロセス

　前節では，論理的なよい文章の要素として，構造化と説得力があることを挙げ，文章の「型」がこれらを実現するためのより具体的な枠組みになっていることを示した。「型」を用いて書くことは，よい文章を書くことを比較的容易にする。しかし，「型」を示しさえすればすぐに書けるわけではない。

　まず，どのような場面でどのような「型」を用いればよいかを判断することは容易ではない。Nussbaum & Kardash（2005）は，書き手に目標を提示することで，反証や再反論についての言及が増加するかどうかを検討している。この研究では，「反証と再反論を挙げる」という目標が提示された場合には，書き手は反証や再反論を記述することが示された。しかし，「説得力のある文章（意見を伝える手紙）を書く」というようなややあいまいな目標を提示された場合には，そのような目標を提示されずに「自分の意見を書く」よう提示された場合と比較して，反証や再反論が増加することはなかった。それだけではなく，「説得力のある文章」を書くという目標の場合には，文章全体の質がむしろ低下する傾向にあることが示された。

　一方で，Nussbaum & Kardash（2005）では，テーマに関して賛成・反対両方の立場からの意見（主張と根拠）を提示されると，書き手が自分の意見を書く文章において反証や再反論を示す傾向があることもわかった。ただし，この効果も「自分の意見を書く」という目標の場合にのみ見られ，「説得力のある文章を書く」という目標のもとではこうした効果は得られなかった。

　この結果からは，文章作成の場面や目標の提示と書き手の選ぶ「型」が必ずしも想定通りに対応していないことがわかる。Nussbaum & Kardash（2005）からは，「説得力のある文章を書く」ことを指示された場面では，「反証と再反論」という「型」を用いるという判断は，なされにくかったと言えるだろう。前述した O'Keefe（1999）に示されたように，読み手の立場に立つと，反証と再反論のある文章のほうが説得力があると判断する一方で，自分が「説得力のある文章」を書くときには反証や再反論を自発的には記述しない，というのは矛盾しているように見える。ある「型」を論理的だと判断することと，実際に文章を書くことの間のギャップが示唆される。

　ここで注目されるのが書き手の認知プロセスである。さきほどのギャップは，書き手の認知プロセスにおけるプランニングや修正の段階に関わる問題と位置づけられるだろう。文章を読むときには「反論と反駁」が論理的で説得力があると感じる一方で，自分が文章を書くときには「反論と反駁」が浮かばないのは，作文プロセスにおけるリソースに十分な型の知識がないためかもしれない。その型に従って書かれた文章を

読んでも，文章の型についての知識がなければ，その文章が特定の型に従って書かれていると判断することはできないかもしれない。その場合，知識がないために自分が作文する際にもそのような型を利用できない。また，知識があったとしても，自分の書いた文章をメタ的な視点から検討したときに，よりよい「型」を用いるべきだと気がつかないこともあるだろう。これは，メタ認知的モニタリングの問題とも位置づけられる。

作文の認知プロセスについては第7章で詳しく紹介したが，第6章で述べたような「型」の観点や評価のずれに関する知見と，認知プロセスに基づいた研究知見が十分に統合されていない。上述したように，型が文章作成で活用されないのは，作文プロセスにおけるリソースや知識の不足，あるいはメタ認知的モニタリングの問題として位置づけうる。また，第5章で述べた評価のバイアスは，他者の文章を読んで評価するときばかりでなく，自分の文章を修正する際にも問題となるかもしれない。

こうした疑問についてはまだ十分な検討がなされていないと言える。たとえばプランニングや修正の段階で，いかにトゥールミン・モデルを活性化するか，という視点からの指導の開発やその効果の検証は，これからの課題である。

4節　作文指導のこれから

第2部では，論理的作文の指導においては，「型」を明示的に示すこと，作文プロセスの観点から指導を行うことの重要性を指摘した。まず，論理的作文と物語的作文といった文種の違いを意識させること，いくつかのモデル（トゥールミン，エッセイトライアングルなど）を活用し，書くべき要素を明確な型として示すことが必要である。また，実際の作文では，プランニングや推敲に時間をかけることの重要性や有効な方略の指導が重要であった。

こうした指導の具体的な実践や，どのようなカリキュラムを構築するかという点については，いくつかの提案があるものの，その具体的な実施はこれからの課題となっている。ここでは，学校教育において論理的作文の指導を実施する際に問題となる点を2点指摘する。

まず，論理的作文指導の中心的役割を担う教員には，まず文種や「型」，作文プロセスや有効な方略についての知識が必要である。しかし，こうした知識を十分に有している指導者が確保されているかというと，その点については疑問である。教員養成課程の中で論理的作文の指導に割かれる時間は決して多くはないのが実態であるため，現状では，論理的作文指導に必要な知識を満足に持たないまま指導にあたる教員も多いのではないだろうか。指導要領の改訂に伴い，論理的に書くことが重視されてきて

はいるが，その指導の中心となる教員の専門的知識の獲得機会は十分ではないため，その改善策が必要である。

　また，論理的作文を指導する機会と教材をどのようにカリキュラムに位置づけるかが問題となるだろう。これまでは，国語科の一環として指導が行われてきたが，十分な時間や教材が確保されているとは言えなかった。指導要領の改訂に伴い，各教科で「言語活動」を取り入れることが重視されるようになったことは，作文機会の増加につながることが期待できる。文部科学省の指導事例集（文部科学省，2011）を見ると，論理的な説明文や意見文を書く活動は様々な教科，学年で取り入れられていることがわかる。こうした活動が，各教科の内容理解の定着や深化を促すことが期待される。

　しかし，現状の言語活動の在り方には，個々の実践と全体的なカリキュラムの2点で課題がある。まず，個々の言語活動実践において「型」や「作文プロセス」を明示的に指導することはまれである。明示的な指導機会が少ないことで，言語活動において「できる子はできる」状態を生み出してしまうことが危惧される。特に，学んだことの転移を考えると，明示的な指導が重要である。特定の授業で教わった内容から論理的作文のスキルを学び，転移させることのできる学習者は多くはない。その際に，転移の手がかりとなるような知識が明示的に示されることは，学習者の転移を助けると考えられるためである。第二に，言語活動全体を通してどのように論理的作文を書く力を構築していくかという道筋が明確でない。教科横断的に，どのような論理的作文が書けることを目標にするか，あるいは，身につけるべきスキルはどのようなものかを考えることも必要ではないか。

● 5節
第3部に向けて：読むこと・考えること・伝えること

　さて，第1部と第2部では，読むことと書くことのそれぞれに注目し，批判的に読むにはどうしたらよいか，論理的な文章を書くにはどうしたらよいかを検討してきた。しかし，読むことと書くことを切り離して考えることには限界があるのではないだろうか。

　普段，私たちはある内容について学びたいと考えると，その内容についての本を読んだり，インターネットで情報を得てそれを読んだりする。そして，新たに学んだことについて「なるほど」と感心したり，「いやちょっとおかしいぞ」と疑問を抱いたりしたとき，それを他者に伝えようとする。私たちは，半ば自然と，読んだことだけで学ぶ活動を完結させず，得た情報について考え（このプロセスがまさに第1部で述べた批判的読解である），多くの場合，その結果を他者に伝えようとする。友人や同僚，家族に「今日○×新聞の記事に書いてあったんだけど……」「このあいだ読んだ

本に書いてあったんだけど……」と他者と情報を共有するために説明し，その内容について自分の意見を述べて議論するという，読むことから始まるコミュニケーションを私たちは多く経験している。

一方，書くこと（話すこと）ことによって情報が統合され，アイデアがまとまったり理解が深まったりすることも知られている。たとえば，Chiらの研究では，読んだ内容について説明を行う「自己説明」によって，内容の理解が深まることが繰り返し示されている（Chi et al., 1994）。また，Wiley & Voss（1999）は，歴史学習を題材に，複数の情報をもとに小論文を書くことが内容の構造的な理解を促進することを示している。Wiley & Voss（1999）では，「意見（argument）を書く」という条件において理解促進効果が最も大きく，「要約する（summary）」「お話し（narrative）を書く」といった指示では効果が小さかった。論点を考えて書くことが情報を統合することにつながったと考えられる。

このような「書くことの効果」は，私たちも日常的によく経験することだろう。レポートや提案書などにまとめることで，むしろアイデア自体が洗練されていくという経験は多くの人に共有されるのではないだろうか。読むことから伝えることへ，と言う方向だけでなく，書くことや説明することが理解を深め，思考を高めるという方向も重要だと言えるだろう。

このように考えると，私たちの日常生活や学習の中で，「読むこと」「書くこと」はそれだけが独立した活動として行われるということはむしろ少なく，両者を含めた思考とコミュニケーションとして行われるものだと位置づけられる。読み方や書き方のトレーニングという観点だけからでなく，思考，コミュニケーションの観点から読むことと書くことを統合したアプローチを考える必要性がありそうである。

また，図8-2に示したように，情報を受容することと表現することは必ずしも一方向的なものではない。情報を受容しそれを検討するという方向だけでなく，表現することが理解を深め新たな情報の受容や理解に向かうという方向ある。また，より現実場面に近づけて言うならば，一方向に進んでコミュニケーションが終了するのではなく，受容から表現へ，また受容へ，と行ったり来たりしながら進んでいくことのほうが多いのではないだろうか。

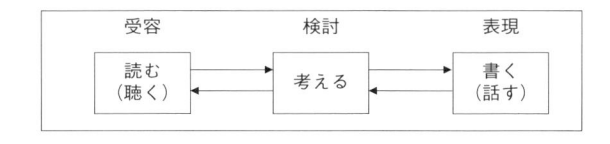

図8-2 読むことと書くことに関わる思考とコミュニケーションの二つの方向

このように考えると，私たちが，論理的な読み書きの力を実感するのは，読むことや書くこと単独ではなく，読むことと書くことが統合的に活用された思考場面あるいはコミュニケーション場面であると言えるのではないか。このようなアイデアから，第3部では，読むこと・書くことを単独で取り上げるのではなく，読むこと・考えること・書くことを統合的に捉えた研究や実践を取り上げ，論理的読み書きをいかに促進できるか考えていく。

第 3 部

読み書きを総合的に捉える

第9章 コミュニケーションを通して論理的読み書きの基盤をつくる

1節 読み書きの基盤としてのコミュニケーション

　これまでにも指摘してきたように,現代社会を生きるすべての人にとって,論理的読み書きを行うことが重要な意味を持っている。では,論理的読み書きの育成はどのような枠組みで行うとよいだろうか。

　論理的読み書きの教育において,一足飛びに高度な内容を扱うわけにはいかず,初等教育から高等教育に至るまでのそれぞれの段階において適切な枠組みを持った介入を考えることが重要である。義務教育の期間を中心とした,初等中等教育は,いわば論理的読み書きの「基盤づくり」の段階と位置づけることができるだろう。本章では,論理的読み書きの基盤づくりを行う枠組みとして「コミュニケーション」を取り上げ,考察を進める。

　読むこと,書くことはコミュニケーションである。これには二つの側面がある。一つは,読み手あるいは書き手による内的な自己とのやりとりである。読み手は,読みながら文章に疑問を問いかけ,自分自身に問いかけたり,もともと持っている知識を投げかけたりしながら文章を理解していく。また,書き手は,書きながら自分の書いた文章の読み手にもなり,その問いかけに答えながら文章を書き進めていく。この場合のコミュニケーションは,物理的に存在する他者とのやりとりではない。したがって読むときには書き手を想定し,書くときには読み手を想定しながら,ひとりで聞き続ける,語り続けるという状況であると言えるだろう。これは,読解・作文プロセスにおける「メタ認知」の働きとして表現される(第2章および第7章参照)。

　一方,二つ目の側面として,他者との実際のコミュニケーションを通じた読み書きを考えることができる。複数の学習者が互いにコミュニケーションをとりながら学びあうことを,協調学習(collaborative learning)という。協調学習下の学習者の認知プロセスを研究する分野は協調研究と呼ばれるが,協調研究からは,コミュニケーションを通して論理的な読み書きが促進されることが示唆されてきている。

　論理的な読み書きが不得手な学習者,あるいは年齢の低い学習者にとっては,自己

と対話しながら読む・書くことが困難であることは，第2章および第7章で指摘したとおりである。こうした自己内の対話の難しさを支えるものとして，他者との対話が有効であることがいくつかの知見から示されている。

1. コミュニケーションを基盤とした読解の指導

まず，読むことに関しては，初等教育から高等教育まででいくつかの試みがなされてきた。代表的な例として，第2章で取り上げたPalincsar & Brown（1984）の相互教授法を挙げよう。相互教授法では，学習者が教える側と教わる側の役割を交代しながら互いに教えあう。1人で文章を読むのではなく，他者との対話（dialogue）を通して読み，読み方を学ぶという点にこの指導の特徴がある。Palincsar & Brown（1984）は，文章読解において相互教授法を実践し，この手法によって指導された学習者のほうが，そうでない学習者よりも，文章の要約や質問をより精緻に行えることを示した。他者とのコミュニケーションを基盤とした読解によって，論理的文章の読みが促進されたと言える。

こうした効果が，文章読解を苦手としている読み手において大きいことを示す知見もある（McNamara, 2004）。文章理解の成績の低い学習者に，読んだ文章の内容を説明させたところ，彼らの理解成績が向上したことが示されたのである。

Palincsar & Brown（1984）の知見を援用しつつ，より対話的な状況で読みの指導を行った例としては，清河・犬塚（2003）の相互説明を挙げることができる。清河・犬塚（2003）では，「読むことが苦手だ」という中学生を対象として，読み手は文章の内容を知らない他者に読んだ内容を説明し，他者は読み手の説明に対して不明点や疑問を質問する，という枠組みによる読解指導を行っている。対象者は，読み手の役割と他者の役割を指導者と交代で取り，両方の役割を経験している。ここでは，他者の役割がより明確化され，読んだ内容を吟味し疑問を投げかけるメタ認知を実現化した存在として設定されている。この枠組みによって，日常的なコミュニケーションに近い形で，論理的な読みを学んでいくのである。実践の結果，対象となった生徒の質問がより的確になり，要約の質も向上したことが示されており，コミュニケーションを基盤にした指導が効果的であったことがわかる。

2. コミュニケーションを基盤とした作文の指導

論理的な文章を書くことや推敲することが苦手なBさんが，Aさんに指導を受けている場面を考えてみよう。このように，レポートや小論文の個別指導は問答形式で行われることが多い。たとえば，高等教育では「ピア・レスポンス」という，学習者同士で文章を読みあい，表現や構成などを説明し合う活動を取り入れている。また，書くことを授業外で支援する「ライティングセンター」（第10章参照）でも，このよ

うな問答形式による文章指導が盛んである。

　A：「○○って書いてあるけど，これは根拠になると思う？」
　B：「うーん，弱い，かな」
　A：「どこら辺が弱いかな」
　B：「××っていうこともあるかなーとか」
　A：「うんうん」
　B：「あと，うまく言えないんだけど△△だし…」
　A：「そうそう」

　実際に他者が読み手としてメタ的な役割を担うことで，書き手の説明を引き出し，自身の文章に対する客観的な理解を促進できる。上記の例では，Aさんの「どこら辺が？」といった問いかけや相槌がプロンプトとなり，Bさんの説明が生成されている。目の前にいる人からの問いかけに対して反応する，というリアルな状況も，自分で自分に問いかけと説明を行うよりも，説明のしやすさを助けている。

　Daiute & Dalton（2009）は，物語文の産出を個人で行うよりも，協調的に行ったあとのほうが，キャラクターの性格やクライマックスなどの物語要素の数が増加することを示した。物語と物語文を産出する書き手には，物語スキーマが存在している。物語スキーマとは，物語がどのように展開するかについての一般的で構造化された知識，もしくは物語文の展開の規則をさす。したがって物語文には，意見文とは異なる種類の一定の論理性が備わっている。物語文と意見文では内容や目的など異なる点が多いが，ある種の論理性に基づく文章産出が，学習者間の社会的相互作用によって促進されることが示されたと言える。

3．コミュニケーションを基盤として読み書きを一体化させる

　ここまでは，「読むこと」「書くこと」それぞれがコミュニケーションを基盤とした枠組みによって向上することを示してきた。しかし，通常のコミュニケーションでは，読むことと書くこと（あるいは聞くことと話すこと）はより一体となって進行している。そこで，より対話的な状況，すなわち，読むことと書くことが一体化している環境を考えてみよう。

　コンピュータを活用した協調学習プロジェクトであるCSILE（Computer-Supported Intentional Learning Environment）としては，Scardamalia & Bereiter（1996）をもとに開発された非同期型の電子会議室型学習環境「Knowledge Forum®」がある。Knowledge Forum®では，特定のトピックについて各学習者が互いの仮説や調査して得た情報を活用しながら問題解決をすることによって，知識構築を支援する。

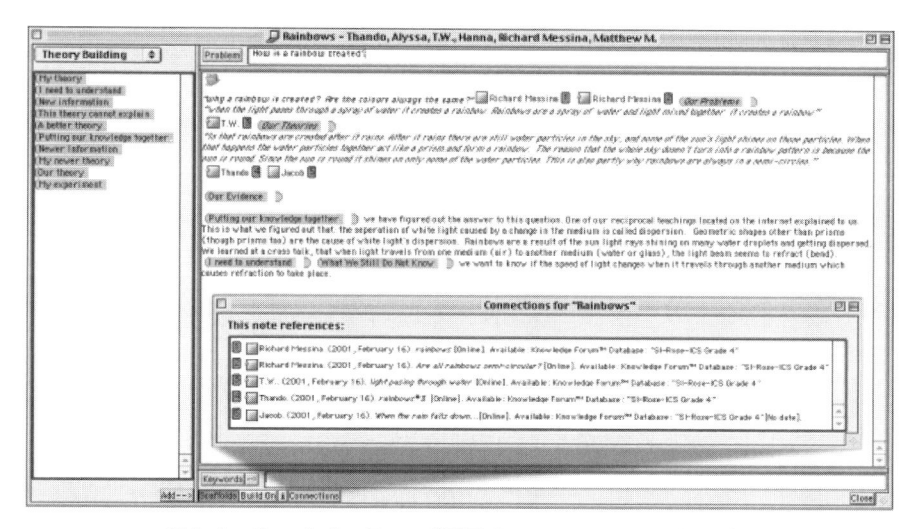

図9-1 Knowledge Forum®画面（Scardamalia, 2004 より引用）

　参加する学習者は，トピックについて理解したことを説明したり，質問を記述したりして，他の学習者とコミュニケーションしながら理解を進めていく。したがって，トピックについて「読む」，読んだことをもとに自分の理解や疑問を「書く」，他者の説明や疑問を「読む」，というように，読むことと書くことが同時に進行していく。論理的な読み書きを通して学んでいく状況であると言えよう。

　しかし多くの学習者にとって，このような論理的なコミュニケーションを行うことは（たとえ典型的な読解作文場面ほどフォーマルなものでなくても）簡単なことではない。そこで，Knowledge Forum®では，学習者間のコミュニケーションの足場がけとなるプロンプトをあらかじめ埋め込むという工夫が示されている。図9-1は，Knowledge Forum®の画面である。左側には，「My theory（私の理論）」「I need to understand（知る必要がある事柄）」「New information（新たな情報）」などの見出しが示されている。これは，学習者の発言を促し，内容を整理しながら対話がなされやすくするための「thinking types（考えたことのタイプ）」と呼ばれる。学習者は，自分の発言にこれらの見出しをつけて，対話を進めることができる。

　この仕組みによって，学習者は，他の学習者とやりとりしながら書き込みを行い，トピックに関する仮説検証を進めることができる。Knowledge Forum®を用いると，小学校低学年の児童であっても，「理論の働きは現象を説明すること」ということを理解したり，理論を検証した証拠に基づいてその理論を修正したりといったことが可能になった。さらに，これらの学習成果を支えたのは，トピックに関する論理的な読

み書き能力の向上だったと考えられる。

　このように，コミュニケーションを基盤とした枠組みによる読み書きは，心理学や学習科学などの分野で取り上げられている。では，その効果を教育実践で追求する場合，どのような方法があるのだろうか。以下では，コミュニケーションを枠組みとして利用した論理的読み書きの教育実践を，初等中等教育を中心として紹介する。

2節　コミュニケーション基盤を活用した説明と説得

1．アントレプレナーシップ教育による「ことばの力」の育成

　アントレプレナーシップ教育とは企業家教育とも呼ばれ，問題意識を持ち新しいことに挑戦することで，既存の社会をよりよく変革していける人材の育成を目指すものである（アントレプレナーシップ開発センター，2013）。

　アントレプレナーシップ教育が，コミュニケーションの枠組みとして有効だと考えられる理由は次の二つの特徴による。第一に，グループでの話し合い，協調が中心になる点が挙げられる。アントレプレナーシップ教育は，個人で考えるフェーズとグループ活動のフェーズによって構成される。学習成果の発表は，主にグループ単位で行われるため，学習では，グループで話し合いながら共同で作業を進めることになる。第二に，アントレプレナーシップ教育では，問題を発見し，他者との論理的なコミュニケーションによってその問題を批判的に分析し，解決する力の育成を支援することを目的としている。したがって，論理的なコミュニケーションが必然となると考えられる。

　以下では，アントレプレナーシップ教育によって，論理的なコミュニケーションを促進した山形県立南原中学校の事例を紹介する。アントレプレナーシップ教育はどのように学習者のコミュニケーションを変化させたのだろうか。またそれは読み書きに反映されるものだろうか。

　南原中学校では，プレゼンテーション，作文，モノ作りなど，各教科で各教員がそれぞれに行っていた指導を総合的な学習の時間を活用した3年間のアントレプレナーシップ教育のもとに一本化した。生徒は，グループごとに会社を立ちあげ，商品の企画，製造，販売，決算までのビジネスプロセスを経験した。

　一連のビジネスプロセスの中では，論理的なコミュニケーションと書くことが重要であった。たとえば，校内特許申請書，企画書，報告書，学外の商品コンテストへの応募書類など，多岐にわたる書類を作成した。さらに，「教頭銀行」での企画プレゼンテーション，学年を縦割りにした総合学習発表会，商品販売会などの機会には，商

第9章 コミュニケーションを通して論理的読み書きの基盤をつくる

図9-2　企画書を作る生徒たちの様子

品や企画の良さを論理的・説得的に訴えることが求められた。図9-2は，企画書を作っている生徒たちの様子である。

　南原中学校のアントレプレナーシップ教育では，また，活動の必然性や真正性（authenticity）を十分に確保することが重視されていた。たとえば，教頭先生へのプレゼンテーションに失敗すると，商品開発がとん挫してしまう，というような状況をつくることで，「学習のための学習」ではなく真正性のある課題とされていた。また，既有知識が異なる多様な立場の相手（学外のコンテストの審査員，商品販売会に訪れた地元住民，教頭先生など）に対して，自らのアイデアや要求を伝えるということから，論理的に説明することの必要性が，教師だけでなく，学習者にとっても明らかなこととして提示されていると言えるだろう。

　プレゼンテーションや書類を作成することは，知識や立場の異なる相手に伝えるというコミュニケーションである。学習者は，自分たちのアイデアをよく吟味し合い，説得的な説明を行うことを意識するようになっていた。南原中学校のアントレプレナーシップ教育は，まさに論理的読み書きにつながるコミュニケーションを真正性の高い状況の中で可能にする取り組みと言えるだろう。

　高橋ら（2009）は，南原中学校におけるアントレプレナー教育実践の前後に書かれた生徒の意見文の質を比較し，実践の効果を明らかにした。具体的には，アントレプレナー教育を開始する前と後に，「コピー商品を販売している人に対して，それをやめるよう説得する」という知的財産権に関するテーマで意見文を書かせた。どちらの場合も個人作業で書かせたが，アントレプレナー教育実施後は，書く前にグループ内やグループ間でテーマに関する話し合いが自発的に行われるという変化が見られた。学習者が書いた文章の質的な分析を行うと，アントレプレナー教育後に書いた意見文のほうが，主張の理由，データ，出典，反論の想定，反駁といった意見文の重要な要素が含まれた文章が書かれていることがわかった。

123

この結果から，アントレプレナー教育後に産出した文章の質が向上しており，より高度な論証が行われていたことが示された。論理的読み書きの実践としては，決まったテキストを理解することや，教員だけが読む作文を書く，という活動が主流であろう。しかし，こうした課題に必然性や真正性を見出すことはできない。ここで見たように，教室の中にとどまらず多様な相手と実際にコミュニケーションしていくことで，学習者の中に反論や反駁といった論理的文章作成の視点が育成されたのではないだろうか。本事例とその分析は，真正性の高い状況での論理的コミュニケーションが，論理的読み書きの向上につながることを示したと言える。

2．オンライン協調学習環境

　続いては，対面ではなく，バーチャルな環境を利用した学習コミュニティでの実践例を見てみよう。

　近年の Web は，従来の情報展示ツールからコミュニケーションツールへとその役割を変化させている（新井，2006）。そこでは，コンピュータによる支援のもとで他者とコミュニケーションしながら知識構築や問題解決を行う CSCL（Computer Supported Collaborative Learning）という学習活動が一般的になりつつある。

　新井・川本（2004）は，オンライン協調学習支援システム「Net Commons」を利用した「e-教室」プロジェクトを展開した。Net Commons とは，Web 上のテキスト，画像，動画などの多様な教材を読み込んで学習ページ上に自由にレイアウトできる機能を中核として，様々なタイプのコミュニケーションツールや協調作業用グループウエアを備えた e ラーニングプラットフォームである。e-教室プロジェクトでは，全国から自主的に参加した小中高校生が，中学高校の教員や研究者と学習コミュニティを形成し，特定の教科や学年の枠組みを越えた学習を行っている。e-教室内には「さんすうの作文」「英語と社会」「ガリレオ工房」といった科目が複数設置されており，それらでは異年齢集団による協調学習が可能なオープンエンドな課題が設定されている。学習者は自分の学びたい科目を選択して参加する。

　e-教室の学習では，論理的思考力の育成が期待されている。ネットワークを介したコミュニケーション（Computer Mediated Communication：CMC）では，互いの表情が見えず，文字を中心としたやりとりになりがちである。このような環境下で，自らの考えや感情をわかりやすく，誤解なく相手に伝えることは，しばしば困難を伴う。対面でのコミュニケーションで許容される曖昧さを回避した論理的コミュニケーション能力，特に，筋道立てて書く，批判的に読むといった力が，e-教室の学習では必要になるのである。この点について新井・川本（2004）は，「ネットワーク上で意見を主張しようとする場合，論理的に正しい文章でなければ説得力がないことから，学習者は，各文，各段落に含む内容を厳選し，主旨の明確な文章を論理的な整合性を考慮

しながら組み立てようとする。この繰り返しにより，論理的思考力が向上する」と述べている。

新井・川本（2004）は，学習者に対するe-教室の効果を検証した。e-教室上で比較的継続して学習が行われている二つの教科を対象に，科目が開講された初期の学習者の投稿と，1年後の投稿との比較を行った。投稿の文字数，段落数，句読点数，主張・根拠の有無，画像・図の有無等を数え上げ，各投稿の特徴を見出した。その結果，1年後の投稿では，学習者は主旨の明確な文章を書くために，一文や一段落内に複数の論点を含まないようにして主張する内容を分割・厳選して書きこんでいることが明らかになった。また，分析対象のうち一つの教科に限定された結果だが，解答（主張）だけではなく，解答に至る根拠も明確に示すようになったことも示された。さらに，他の学習者を説得したり理解を促進させたりするために，説明に図や写真を多く利用するようになったり，引用を行うことで「どの部分への意見表明なのか」を他者にわかりやすく示すようにもなった。

こうした結果は，学習者がe-教室でのコミュニケーションを通じて，論理的な読み書きのための視点やスキルを獲得していったことを示すものだと言える。e-教室はあくまで各教科内容の探究を中心的なカリキュラムとして設定したシステムである。しかし，その中で，すべての科目に共通した要素として論理的な読み書き能力の育成が目標として意図されていた。e-教室内の他の学習者や教員とのやりとりを基盤として学習を展開させる環境は，論理的な読み書き能力の実践的な訓練の場となっていたことがうかがえる。同時に，学習コミュニティ内の他者とのコミュニケーションは，学習者の説明行動やそのための知識習得の動機づけに影響を与えたと考えられる。

アントレプレナー教育とe-教室に共通する特徴は，他者の説明を理解し，他者を説得することが避けられない状況だという点である。この強力で必然的な「コミュニ

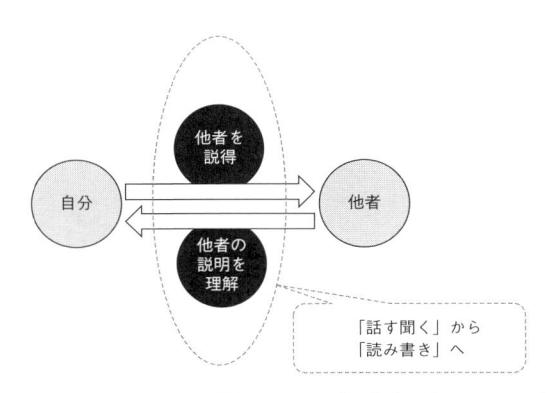

図9-3　コミュニケーションの枠組みによる論理的読み書きスキルの基盤形成

ケーションの枠組み」によって、学習者は自然と、相手への伝わりやすさを念頭に置くことになる。そのコミュニケーションの枠組みの中で、筋道立てて書いたり話したり、批判的に読んだり聴いたり、といった論理的な対話を積み重ねることで、論理的読み書きの基盤が作られていくと考えられる（図9-3）。学習者の論理的読み書きの基盤をつくるための一つのアプローチとして、他者とのコミュニケーションが必然となる学習環境デザインが効果的だと言える。

3節　書く機会を増やす

　前節では、コミュニケーションという枠組みを強調することで、資料や教材を読みとり、考えた内容を説明し論理的に表現するスキルを身につけることを目的とした教育実践を見てきた。とはいえ、やはり直接的なコミュニケーションと論理的な読み書き、特に「話すこと」と「書くこと」の間には距離がある。コミュニケーションではそれなりに説得力のある説明を展開できるのに、「では意見文として書いてみましょう」と言われると、とたんに書きあぐねてしまう、ということは珍しくない。

　こうした書くこと自体への抵抗感は、残念ながらコミュニケーションだけでは克服できない根本的な課題である。e-教室の実践ではこの点について言及されていないが、自主的に活動に参加した学習者は、この根本的な書くことの課題をすでに克服した（あるいはもともと書くことがそれほど苦にならない）学習者だったのではないだろうか。書くことに大きな問題を持つ学習者が、コミュニケーションの枠組みで学んだことを書くことに活かすためには、書くこと自体への抵抗感をどのように減じていくかを考える必要がありそうだ。

　「書くこと」への抵抗感を減じるためには、地道ではあるが、繰り返し書く機会を設けることで、書くことに慣れることが重要だと考えられる。一方、第7章、第8章で指摘したように、日本の学校教育において、論理的に書く活動は十分な機会を設けられていない。どうすれば、書く機会を頻繁に設けられるだろうか。そのためのポイントとして、本章では、様々な教科で書くことを促進するアナログツールの重要性を強調したい。

1．マイ・ディクショナリー：小学生による辞書づくり活動

　アナログツールの例として取り上げたいのが、「マイ・ディクショナリー」である（図9-4）。マイ・ディクショナリーは、筆者が埼玉県加須市の小学校を訪ねた際に、先生方の取り組みとして紹介していただいたものだ。

　マイ・ディクショナリーは、その名のとおり、学習者が自分で言葉の意味を記した

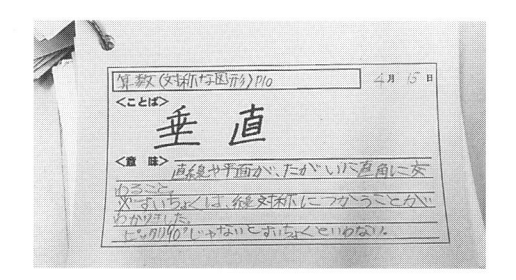

図9-4 児童の作成したマイ・ディクショナリーの一例

辞書を作ろう，という活動である。学習者は，授業で習った言葉や新しく知った言葉について，その意味と自分の解説を付け加える。図9-4に示した例でに，児童は「垂直」という言葉を取り上げ，数学の教科書にある定義を書き記すとともに，「ピッタリ90°じゃないとすいちょくといわない」という自分なりの注意点を書いている。筆者が訪問した小学校では，1年生からマイ・ディクショナリー作成を始めている。1年生は1年生なりに，自分の学んだ言葉の意味や，自分なりの説明を考えて書いている。学年が上がるにつれ，説明すべき言葉の難度や抽象度は上がっていく。

マイ・ディクショナリーの作成が，「書くこと」への抵抗感を減じるうえで有効だと考えられるのは，特に次のような特徴を持っていることによる。

まず，書く「型」が明示されていることが挙げられる。第2部でも指摘したように，日本において文章の型が指導されることは少なく，自由に思ったままを書くよう言われることのほうが多い。しかし，マイ・ディクショナリーでは，「言葉」とその言葉の「定義」や「説明」を書くことが明示されている。書き手にとって何をどう書くか，課題が明確であり，取り組みやすくなっていると言えるだろう。

次に，様々な教科においてまた学年横断的に日常的に取り組める課題になっている点も重要だろう。教員の立場からは，「書くこと」が特定の教科（特に国語）の課題とみなされやすい。しかし，語や概念の定義を確認することは，教科の内容に本質的に関わる活動である。そのため，マイ・ディクショナリーの活動は，その教科の本質的活動として取り入れられやすい。また，短時間で（学年が上がれば自主的に）実施可能な型が提示されることで，学習者にとってより日常的な活動として定着することが期待できる。

マイ・ディクショナリーは，「書く」ことへの抵抗感をなくすための日常的な課題として有効なだけでなく，論理的に書くための基本のトレーニングとしても機能していると言える。定義を説明する，ということは，論理的に書くための基本である。自分の意見や主張を展開する際にもまず，問題が何かを定義し，説明することから始め

なくてはならない．問題点が定義されないまま展開された主張は，その妥当性を判断することができないためである．

また視点を変えてこの活動を見てみると，読み書きにおける「自己内対話」を促す仕掛けとしても見ることができる．自分が「理解した」と考えている概念を自分に説明する，そしてその説明を書くことで再検討する．自分はどのようなことを考えたか振り返る，といった一連の活動は，読み書きにおける「自己内対話」にもつながるだろう．

2．付箋教材の活用

マイ・ディクショナリーは，何を書くかと言う課題が明確なツールであったが，一方で，より柔軟なツールが書く機会の増加には重要である．そうしたツールを利用した実践として，付箋を用いた書く活動がある．様々な付箋が市販されており，それを活用した指導実践も多く報告されている．筆者は，75文字分のマスが書かれた付箋を作成し，授業の中で書く活動に活用している．

新たに作成した付箋教材の特徴としては，①文字数がわかるようにマスがついていること，②全面が貼りつくようになっていること，そして③見出し部分があることである．基本的な活用方法は市販されている付箋と同じで，工夫すれば同じように実践することはできる．だが，上に挙げた特徴によって，授業での活用がスムーズになっていると考えられる．特に年齢の低い児童にとっては，こうした特徴があることで，課題が明確になる．

たとえば，埼玉県の小学校では，見出し部分に自分の名前を書き，考えたことを下に書いて，協調学習での意見交換に使っている（図9-5のa）．協調学習場面で意見を出し合って話し合うことを求める場面は多い．しかし，事前に自分の考えをまとめることなく話し合いを開始すると，意見がなかなか出ない，意見が偏るといった問題が生じやすい．自分の意見を短い文章にまとめ，それを交換するところから話し合いをスタートすることで，話し合いをスムーズに進め，より多様な意見が示されやすくなると考えられる．

また，主張を見出し部分に書き，その説明を書く，という書き方で自分の考えをまとめることにも用いている（図9-5のb）．前章では「パラグラフ・ライティング」を紹介したが，トピックセンテンスを初めに書くことに慣れない書き手も多い．初めに主張やトピックセンテンスを見出し部分に書くことで，パラグラフ・ライティングの導入とすることもできるだろう．

また，マスがあることで，年少の学習者にとっては書きやすく，また年長の学習者にとっては文字数を意識しながら書くことができるようになっている点も特徴である．文章作成指導に関わる教員が，学生に強調することの一つとして「一文を長くしすぎ

第9章　コミュニケーションを通して論理的読み書きの基盤をつくる

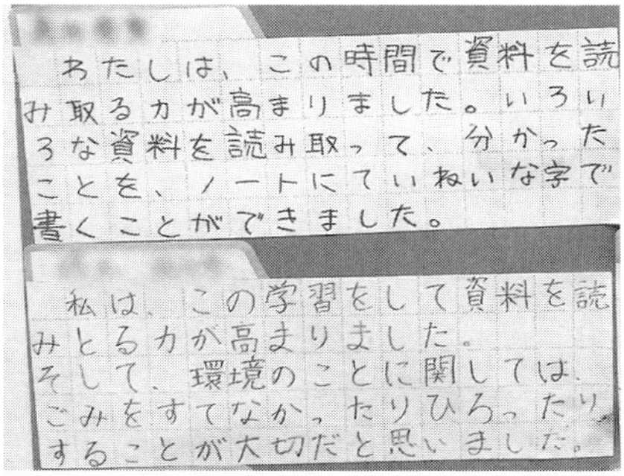

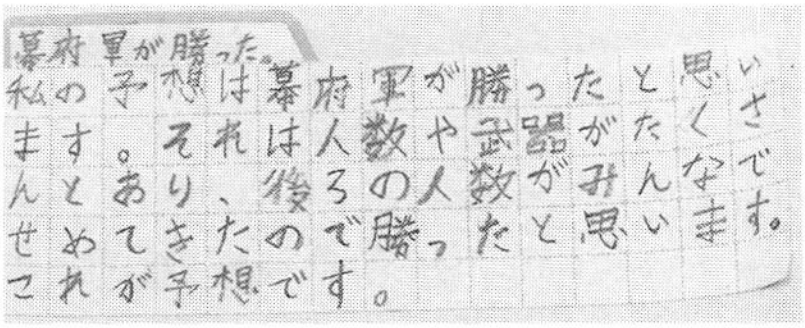

図9-5　付箋を用いた意見文

ない」ということがある。思いついたままを書くと，一文が長くなりやすいものである。長すぎる文は，文法的な間違いをおかしやすくなったり，わかりにくくなったりしやすい。しかし，一度ついたクセはなかなか消えず，「一文を短くするように」という指導には時間がかかる。ここで紹介した付箋教材は，マスで文字数が明示されるため，短い文の作成を促進すると考えている。

　付箋教材の活用は，書く機会の増加を促進する。また，そこに加えられた小さな工夫が，論理的に書くために必要な基礎的スキルの獲得に有効に働くのではないかと考えられる。

3．アナログツールの効能

　作文支援システムなど，優れたデジタルツールが開発される中，上のようなアナログツールに目を向けることの意義とはなんだろうか。上にアナログツールの例として紹介したマイ・ディクショナリーや付箋教材には，より適切な文章の書き方をフィードバックする機能などはない。しかし，アナログであるがゆえの強みもある。

　まず，普段から気軽に使うことのできるアナログツールが用意されていることは，様々な授業での横断的利用を促進すると考えられる。デジタルツールの多くは，使用のための準備やツール自体の習熟に時間を必要とする。教室に1人1台のPC環境が整っている場合は少ないから，普段の教室で普段の授業の中でデジタルツールを活用

するということは，少なくとも現時点では現実的ではない。アナログツールは，時間的金銭的コストが少なく利用できる点で，より「気軽に」用いることのできるツールだと言えるだろう。

　また，学習者が認識しやすい実体のあるツールを用意することで，学習活動の中での展開を把握しやすくなることも挙げられる。たとえば，授業中に付箋教材が日常的に使われれば，学習者は自然と「書く」構えをつくるようになる。書くことがなかなか日常的に行われない背景の一つに，「書かせるのには時間がかかる」という現場の教員の悩みがある。これは，学習者がなかなか「書く」構えを作れないことにも一因があると言える。マイ・ディクショナリーや付箋教材を活用している小学校では，教師が付箋教材を用意させると，児童は鉛筆を持ったり，「○○って書くんだ」と書く内容について話したりし始める。付箋教材が一つの「書く活動の合図」として機能し，それによって構えが作られていると言えそうだ。このように，学習者の書く構えを引き起こすことにも，アナログツールの強みがあると言えるだろう。

　市販されているアナログツールは，実践の中ですでに多く活用されている。たとえば話し合い場面で出た意見を付箋に書きとめ，その分類をするといった活用は一般的である（例として，宮地，2006；清水ら，2005）。一方で，書くことに関する効果についての実証的な研究はあまり行われていない。日常的に書く機会を増やすためにアナログツールがどの程度促進的に働くか，アナログツールの活用によって作文の量や質に向上が見られるか，といった点は今後の研究課題である。

4節
本章のまとめ

　本章では，コミュニケーションの枠組みを活かして論理的な読み書き能力を育成する実践を紹介した。これらの実践は，読むことと書くことを分離してトレーニングするこれまでのアプローチと大きく異なっていた。読んで考えたことをもとに他者に説明したり説得したりすることが必然となる文脈として用意されている点が特徴であった。学習者は，ピア（仲間）や指導者などとのコミュニケーションを通して，物事を批判的・分析的に捉える知識・技術・態度を習得することが期待されていたと言えるだろう。特に，論理的な読み書きに重要な要素としては，自分自身の読み書きに関するメタ認知の促進が重要である。コミュニケーションがメタ認知の働きを促進して，よりよい問題解決が導かれる。また，学習者のメタ認知的知識や技術の獲得も，コミュニケーションの枠組みによって促されるということがわかった。

　しかし，コミュニケーションの枠組みで学んだことがそのまま「読み書き」に反映されるわけではない。「聴く・話す」ことが中心になりがちなコミュニケーションと「読み書き」を繋ぐために，日常的に「考えたことを文章にする」ということがより

スムーズになるような仕掛けが必要だと考えられた。
　以上より，論理的読み書きの基盤をつくるためには，次のような3点が重要であると言える。

　①読むことと書くことを分離せず，一連のコミュニケーションとして取り上げる
　②論理的な文章について，他者に「説明する」「問いかける」枠組みをつくる
　③「話す」と「書く」をつなげる活動を行う

　これらを実現するためには，実践に関わる教員間での連携と，国語など特定の教科に閉じない横断的な枠組みが必要である。例として挙げた「マイ・ディクショナリー」のように，学年や教科を串刺しにして，絶えず論理的読み書きの基盤づくりの機会を提供し続ける教材やカリキュラムの設計が広く求められる。

第10章 状況横断的な介入を目指す

1節 論理的な読み書きの学習における転移の困難さ

　論理的な読み書きについて，第9章では初等中等教育を中心に概観してきた。一方，論理的な読み書きは，高等教育においてその重要性を増す。学問的な探求の場では，専門的な文章を読み，批判的な検討を加え，新たなアイデアを説得的に展開する，という一連の活動を行っていくためである。また，論理的な読み書きの力はOECD高等教育における学習成果の評価（AHELO）でも重視されている能力であり，日本国内のみならず国際的にも高等教育で習得，活用すべき力として注目されている。理想的には，これまでに述べてきた様々なアプローチによる指導を通して，論理的な文章の読み書きについての知識や技術の基盤をつくり，高等教育において，より専門的な内容について，よりフォーマルな読み書きを行っていくことが望まれる。

　しかし，高等教育における論理的な読み書きは，二つの面で困難を抱えている。第一の困難として，論理的な読み書きの基盤が十分でない学生の増加を指摘したい。第1部，第2部で見てきたように，論理的な読み書きの基盤となる力を育成するための指導は，公教育のカリキュラムの中で十分に実施されているとは言えない。高等教育が一部のエリートのためのものであった時代には，そのようなカリキュラムの中でも論理的な読み書きの基盤のある学習者だけが大学に入学してきていたため，高等教育の中で論理的読み書きの基盤の欠如が大きな問題となることは少なかったと考えられる。しかし，わが国の高等教育は今やユニバーサル段階に移行し，大学・短期大学における志願者数に対する入学受入の割合は92％に達している。志願者のほとんどが大学に入学し得る，いわゆる大学全入時代が到来しているのである（中央教育審議会，2008）。このように，大学入学者の裾野が広がったことで，期待される論理的読み書きの基盤が十分につくられていない学生が高等教育の場に参加することになった。

　そのため，多くの大学が，学習者に論理的な読み書きの重要性を気づかせ，これを涵養する教育方法を模索することとなった。たとえば近年では，初年次教育の一貫として，論理的な読み書きの力を支える言語学的，心理学的な知識や技術を教える試み

も増加してきている。したがって，高等教育においては，初年次やレメディアルとしての論理的読み書きの指導から，より高次の（専門的でよりフォーマルな）論理的読み書きへと接続していくことが目指される。

　第二の困難として指摘したいのは，論理的読み書きのスキルの持続と転移を促進する環境がつくられにくい点である。これは，レメディアルとしての論理的読み書きの指導から始めなくてはならない現状において，大きな障壁となっていると言える。

　多くの場合，初年次教育やレメディアルを担当する授業者は，指導した論理的読み書きのスキルがその後も引き続き活用され，他の授業や課題などの類似した文脈に生かされる（転移する）ことを期待する。しかし，こうした転移が困難なことは，問題解決に関する伝統的な心理学研究ばかりでなく，多くの教員の経験として共有されるところであろう。持続が難しい場合も少なくない。学習のために必要な力として論理的読み書きのスキルを捉えず，「この授業ではこのように振る舞う」という狭い範囲に限定的な学習に終わってしまう様子も見られる。

　問題解決に関する心理学研究の知見からは，ある問題の解決方法が他の問題場面で活用されるためには，問題の構造における共通点を理解する必要があることが示されている。ここから，論理的読み書きのスキルが場面を超えて活用されるためには，場面間での共通した構造を理解させる必要があると考えられる。現状では，学習者はある授業の中での課題とそれ以外の授業（あるいは日常生活）の課題の間に共通した構造を見出すことができず，スキルを転移させることが困難であると推測できる。

　また，授業の枠外で論理的読み書きについてサポートを受けられる場所や機会が非常に少ないという問題点も指摘できるだろう。授業の枠内でしかサポートされない（しかも多くの場合論理的読み書きについて指導が行われる授業はさほど多くはない）場合，そもそも学習者が学んだ知識やスキルの適用を広げて考える機会自体が少ないと考えられる。持続や転移が困難な背景にはこうした指導を受ける機会の不足も大きいのではないだろうか。

　以上をまとめると，高等教育における論理的読み書きの指導においては，レメディアルから高水準リテラシーへの接続という大きな課題を担っているにもかかわらず，知識やスキルの転移や持続を助けるための環境が整っていないことが指摘できる。そこで本章では，高等教育における論理的読み書きの知識とスキルの持続と転移を支えるために，どのようなカリキュラム作り，環境づくりが必要かを考え，国内外の事例を紹介したい。

2節　論理的読み書きの位置づけを明確化する

　多くの大学では，授業間の連携する仕組みが十分でない場合が多い。論理的読み書きの指導に関しても，個々の教員の特定の授業における実践的知見が蓄積されているのに対して，他の授業（講義・ゼミナール）といかにつながるか，という視点は十分に考慮されていないことが多い。「学んだことが引き続き他の場面でも必要になる経験」の必要性を先に述べたが，ここで学習者自身が「異なる場面間の共通性」として論理的読み書きを意識することが重要である。本節では，異なる場面間で論理的読み書きが共通することをいかに学習者に示すか，二つのアプローチを通して考える。

1．中心的なカリキュラムの中で論理的な読み書きを行う

　第1章で示したように，論理的読み書きの指導の中には，読み書きに焦点化してそのスキルを直接的に指導していく方法と，学習の中に読み書きを埋め込む方法がある。National Reading Panel（2000）の指摘によると，「自然な文脈の中で明示的な方略指導を行うこと」が効果的であるとされ，CORI（Guthrie et al., 1998, 2004）はそのような指導例として位置づけられていた。

　高等教育においては，論理的読み書きのスキルを取り上げて指導する試みも多い。しかし，学科や専攻のカリキュラムと切り離された初年次教育プログラムやレメディアル教育の場合，学んだ内容が，知識の獲得を目的として専門的な内容について学んでいく中で論理的読み書きのスキルを学ぶことで「学んだことが他の場面（学習場面）で必要になる」経験を後押しすることができると考えられる。

　このように，学習活動の中に論理的読み書きの指導を埋め込んだ例として，中京大学における取り組みを紹介する（Miyake & Shirouzu, 2006）。

　中京大学の研究グループ（Chukyo Learning Science Group）は，まず学習科学の観点から，協調的な学習に着目をしている。彼らは，よりよく学ぶための特徴として，「コミュニティにより学習意欲が醸成されること」「中長期的な練習がその社会の中で維持されること」そして「学習結果がコミュニティの在り方によって変化すること」を重視している。この発想から，大学4年間で認知科学を学ぶカリキュラムを作成している。カリキュラムの中で，専門的なテキストの読解が特に重視されているのは2年次である。

　専門的なテキストを読んで理解し知識を深めるための手法として，中京大学の研究グループが用いたのは「ダイナミックジグソー」という協調的な読解であった。「ジグソー」はもともとAronson & Patnoe（1997）が提案した手法で，一つの題材を六つのパートに分け，グループメンバーがそれぞれのパートについて学習し，最終的に

グループ全体で題材の全体像を構成していくという手法である。中京大学の研究グループでは，これを複雑で動的な学習方法へと変化させたものを「ダイナミックジグソー」と呼んでいる。

ダイナミックジグソーでは，まず学習者に「多くの研究内容を知り，自分なりの理論としてまとめる」ことが目標として提示された。この目標のため，三つの領域からなる 24 のテキストが用意された。したがって，一つの領域について 8 編のテキストが用意されたことになる。各テキストは内容ごとに番号を振られ，となりあうテキストは比較的内容が似通ったものになるように準備された。

まず，学習者は各自が一つのテキストを自分自身の「核になる論文」として学習する。その内容について十分に学習し「エキスパートとなること」がはじめの目標となる。この段階では，同じテキストを学習する仲間同士がウェブ上で質問と回答のやり取りをしながら協調的に理解を深めていくことが目指された。また，回答内容が概念マップに変換され，学習過程の外化と共有が促進された。

その後，隣の番号のテキストを読んだ別の学習者（たとえば 17 番のテキストを読んだ学生が 18 番のテキストを読んだ学生）とペアになり，お互いが学んだ内容を交換する。そこで，相手が理解できるように説明をしあい，二人で内容を統合することが目指される。その後，各自がとなりの番号のペアと新たなペアを構成し（17 番のテキストを読んだ学生と 19 番のテキストを読んだ学生），互いに二つのテキストの内容を説明しあい，四つのテキストの内容について熟知することが目指される。さらに次の段階では，新たなペアを作り，お互いに四つのテキストの内容を説明しあう。はじめに述べたように，テキストは全部で 24 あり，三つの領域に分かれている。この段階で，各学習者は一つの領域を構成する 8 編のテキストの内容すべてを統合的に把握することになる。各自が一つの領域について理解できたところで，次に領域が異なる学習者と新たなペアを構成し，各自が学んだ領域についての説明を行う。

このように，ダイナミックジグソーでは，説明する相手を変えながら，そして新たなテキストについての情報を得ることで説明する内容を増やし，深めながら，何度も繰り返し説明を行うことが特徴的である。概念マップなどのサポートツールと，他者の存在が，学習者にとっては「説明すること」が必要になる文脈となっている。説明するためには積極的な読解が必要であると同時に，説明すること自体が理解を深める契機としても働くことが期待される。

ダイナミックジグソーを中心とした読解活動の成果としては，学習者が内容についてより深く的確な理解を示すようになったことが示されている。また，「ノートを取る」「レポートを書く」「質問する」といったスキルの獲得がダイナミックジグソーによって促進されたことという学生の報告もある（Miyake, 2005）。

このような成果が得られたことは，一つには，「学習活動の文脈の中で読解を行う」

手法としてダイナミックジグソーが優れていたことが要因であろう。一方，この活動が，一つの授業の中に閉じたものとならず，中心的なカリキュラムとして位置づけられていたことも重要だと考えられる。中心的なカリキュラムの中で，「読むこと」「その内容を解釈し表現すること」を繰り返し実行することで，論理的な読みに必要な力が単にダイナミックジグソーという一つの活動の中だけにとどまらずに，その外にある学習活動ともつながることができたのではないだろうか。

2．評価を通して連携する

　前述した中京大学の実践からは，中心的なカリキュラムにおいて論理的読み書きが中心となる学習活動を行うことで，専門的な内容についての論理的読み書きの力を育成し，それを持続することが後押しされていた。一方で，こうした取り組みが困難な状況も少なくない。たとえば，教養課程と専門課程が分かれているカリキュラム構成を持つ場合など，中心的なカリキュラムを立てるのが難しいことも考えられる。また，初年次教育など，論理的読み書きのスキルを取り上げて指導するやり方を否定するのではなく，持続や転移を促進するような仕組み作りをすることも重要である。さらに，中心的なカリキュラムにおける効果的な取り組みを，他の授業や活動に転移されるためにも，個々の授業を連携させることは有効であると考えられる。

　犬塚ら（犬塚，2011；犬塚ら，2013）は，評価の観点から論理的読み書きに関する個々の授業をつなぐ仕組みを提案している。犬塚らは，現在高等教育において実施されている論理的読み書きのスキルに関する評価の問題点として，①内容の側面が強調され汎用的なスキルとしての評価が見えにくいこと，②学生の状況について教員間での情報共有が難しく適切な指導を効果的に行えないこと，の二点を挙げている。いずれも，評価と指導の連携に関する問題であるとも言えるだろう。

　そこで，犬塚らは，①体系的な評価枠組みを学生にもわかる形で提示し，論理的な読み書きのスキルという観点からの目標と達成度のフィードバックを明確にする，②評価情報の教員間での共有を促進する，という二点を目指した評価システムの開発を行った。その際，犬塚らは，読み書きに加えて，発表や議論を念頭に入れた評価枠組みを考案し，その枠組みに基づいた評価を支援するためのシステムを共有することで，共通した枠組みでのフィードバックを持続的に行うことを提案している。

　まず，犬塚らは，評価の枠組みとして，六つの大項目とそれぞれをより具体化した中項目，具体的な評価項目となる小項目からなる構造を提案した（表10-1）。この構造に沿って評価システムを開発し，システムをネットワーク上の共有フォルダに置くことで評価情報が教員間で容易に共有できるようにした。

　開発された評価システムでは，評価の際は，小項目の達成をチェックしていくことで，中項目ごと大項目ごとの達成度が算出され，全体的な評価枠組みの中での達成状

表10-1 論理的コミュニケーション力の構成要素と評価項目（犬塚ら，2013より）

大項目（要素）	中項目	小項目＊
わかりやすい表現：自分の意見を，相手にわかりやすいように提示する。一貫性のあるわかりやすい構成で表現する。	わかりやすい構成	・内容を反映したタイトルが付けられている ・適切な構成（序論・本論・結論）になっている
	要点の明示	・主張や要点が明確に示されている ・冒頭や結論に，要点がまとめられている
	「書く」「話す」引用	・引用箇所が明らかに示されている ・出典が正しく記述されている
	わかりやすい話し方	・言葉づかいが適切である ・原稿の棒読みでなく，自分の言葉で話している
論理的な主張：あいまいに感想を述べるのではなく，説得力のある根拠を持った主張を展開する。論理的に整合的に議論する。	問題の明確化	・問題の背景や目的が明確に記述されている ・概念が定義されている
	主張の論理性	・主張が明確である ・主張を支える根拠が示されている
批判的な検討：情報を的確に理解し，得られた情報をうのみにするのではなく自分の頭で考える。矛盾や反対意見を考慮して多面的に考える。	的確な理解	・要点がどこか把握している ・全体的な議論の流れ（構成）を理解している
	論理的整合性の検討	・根拠が適切か吟味する ・主張や結論を導く過程の飛躍を指摘する
	表・グラフの読み取り	・表やグラフから正しい情報を引き出している ・図やグラフの中で強調されていない情報を読み取る
	調査データの検討	・調査データの対象（者）に注意を払っている ・調査の要約だけでなく，具体的な項目を読んでいる
協調的な議論：他者の意見に無批判に従うのではなく，自分の意見を提示して論じる。対立的な態度ではなく，他者の意見を尊重した態度で議論できる。	質問・議論	・質問内容をわかりやすく示す ・協調的な姿勢で（攻撃的にならずに）質問・議論する
	議論における理解と応答	・黙りこまずに対応する ・相手の質問を理解して回答している
	新たなアイデアの創発	・議論を通して新しいアイデアを見つけようとする ・議論によって自らの視野が広がることを理解している
ツールの使用：インターネットや，PCをはじめとするIT機器を効果的に用いて情報，表現することができる。	情報の検索	・図書館の検索システムを自分で使うことができる ・インターネット上の情報だけでなく，文献を利用する
	「書く」文書作成	・一般的に読みやすい形式で文書を作成する ・ワープロソフトを推敲に効果的に用いる
	「話す」プレゼンツールの活用	・スライドや資料が見やすい（読みやすい） ・視覚的効果（図，グラフ）が適切に用いられている
	「データ」分析	・表計算ソフトを用いて，データを整理している ・計算結果をもとに，表やグラフなどを作成する
基本姿勢：理解や表現に関する基本的なルールを守る。受け身で情報を得ようとするのではなく，自ら行動することを通して理解を深めようとする姿勢を持つ。	「読む」積極的な読解	・書き込みながら読む ・疑問点を教員や友人に尋ねる
	「書く」ルールの順守	・用紙の使い方，句読点のルールを守っている ・誤字なく書かれている
	「話す」基本姿勢	・まっすぐに聴き手に向かって立っている ・聴き手を見て話している
	「聴く」基本姿勢	・話し手やスライド，資料に注目している ・メモや書き込みをしながら聴く
	「書く」「話す」正しい表現	・文法に誤り（主述のねじれなど）がない ・一文が長すぎない

＊　小項目については2項目ずつ例を示した

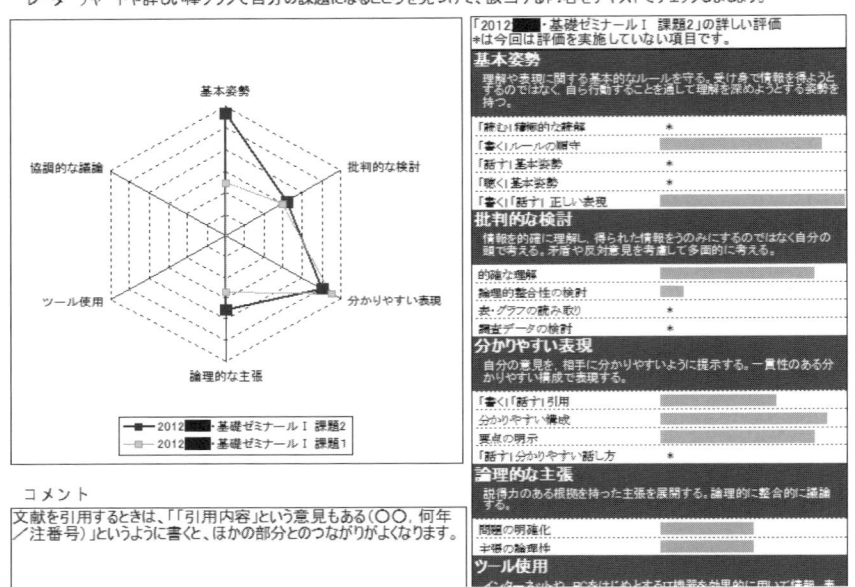

図10-1　学習者へのフィードバックシート例（犬塚ら，2013より）

況が示されるようになっている。評価者は，個々の学習者の達成状況を見るとともに，クラス全体の状況としても把握することができる。また，学習者には，この評価情報をまとめたフィードバックシートが作成される（図10-1）。

　このようなチェックリスト方式の評価を実施することで，評価者による食い違いや通常の評定との不一致が懸念される。しかし，犬塚らは，複数の教員による評価がおおむね一致しており，高い相関が見られたこと，また印象評定との相関も有意であったことを示している。開発したシステムを用いて適切な評価が行えると考えられる。

　また，後に実施した調査では，フィードバックの効果を検討するため，学習者にレポートを返却し，改善案を記述するよう求め，作成されたフィードバックシートを学習者に提示した群と，書き込みと全体評定のみを渡された群を比較した。すると，開発されたシステムで作成したフィードバックシートを受け取った学習者のほうが，より具体的な改善案を数多く記述した。

しかし，こうした評価が真にその後に活かされるためには，フィードバックシートをただ渡すだけでは不十分であろう。受け取っただけでは，そこでの評価が意味することが理解しにくかったり，具体的にどのような行動に結びつければよいかが不明確なためである。自分の今後の指針とするためには，指導されたことと評価の対応を理解する必要があると言える。犬塚らは指導と評価の対応を示したテキストを作成し，授業中に用いるだけでなく，フィードバックの際にも参照させることで，指導と評価連携させようと試みている。こうした試みについて，これまでのところは，短期的で個々の授業の中での実践にとどまっている。そのため，指導と評価の連携や教員間の連携が向上したか，学習者の論理的読み書きのスキルの向上が見られたか，といった観点についての長期的な実践の成果は明確に示されていない。しかし，このようなツールを仲立ちとして，高等教育における評価と指導の連携，授業間・教員間の情報共有を促進するという発想から，学習者を支えることも重要だろう。

3節
転移を支援する環境づくり：学びの持続を支えるチューターによる個別相談

前節では，正課内の取り組みに注目したが，近年，高等教育における正課教育と課外教育の連携も求められている。大山（2003）は，学びの共同体としての大学におけるこれからの学生支援の在り方について，「教授活動，厚生補導活動，学生活動の3領域の有機的連関であり，正課－課外が一体となった大学教育システム」を提案している（図10-2）。さらに大山（2003）は，「従来の枠組みでは重複領域・中間的領域と位置づけられる」学生支援活動（図10-2のbの重複部分）を中心とした大学教育を構想すべきであると主張している。本節では，教授活動と学生活動の重複部分であ

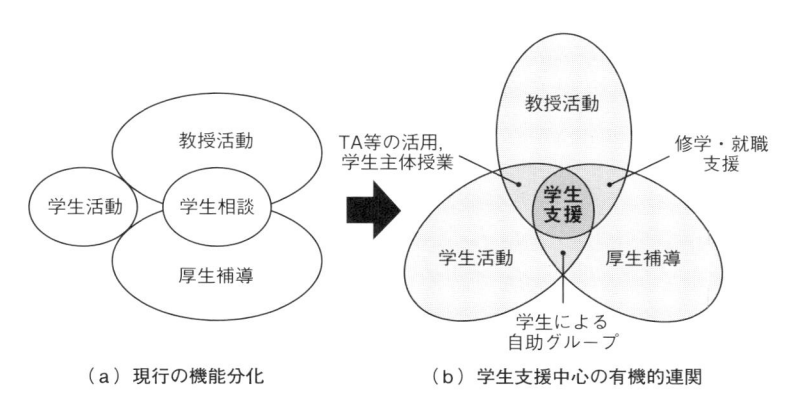

（a）現行の機能分化　　　（b）学生支援中心の有機的連関

図10-2　正課－課外が一体となった大学教育システム（大山，2003をもとに改変）

る「学生主体授業」に着目し，課外における学習支援組織であるライティングセンター（Writing Center）の学生個別相談（チュータリング）制度を中心に，論理的な読み書き能力の転移可能性を考えてみたい。

　正課教育と課外教育は高等教育の両輪であり，論理的な読み書きの力は高等教育の質を支えるスタディ・スキルである。正課教育だけでは習得しにくい論理的な読み書きを課外教育で補い支援する仕組みとして，ライティングセンターにおける学生個別相談が，国内外で注目を集めている。個別相談制度とは，授業外で学生チューターが学生来談者を教えるという仕組みである。チューターとは，学部生または大学院生による個別学習指導員である。彼らには，授業課題の代行者や正解を教えるだけの知識の供給者ではなく，来談者（チューターによる個別指導を受ける学習者）に学習方略の学習を意識・促進させる存在であることが望まれる。

　授業時間内に課題を受動的に行わせるだけでは，論理的な読み書きの力を習得するための学習の量質ともに不足である。学習者を自立・自律した読み手・書き手にするためには，彼らが授業で学んだ内容や学習方略を授業外に持ち出し，能動的に学び続けることができる仕組みが必要となる。ライティングセンターの個別相談制度は，論理的な読み書きの学習における基礎力の習得や転移の困難さを解決する一つの手段であるかもしれない。

1．海外事例：テキサス A&M 大学ライティングセンター

　わが国よりも 40 年ほど早くユニバーサル化を迎えた米国の高等教育機関では，大学進学率が 50% を突破した 1965 年には文章読解や作文を支援するライティングセンターの設置が始まった。米国には，センターの活動や組織の質を向上させるために College Reading & Learning Association（CRLA）や National College Learning Center Association（NCLCA）といった複数の学術団体が存在しており，相互に連携をはかっている。CRLA は学生チューターの質保証のための認定制度を設けており，米国を中心に 5 か国 850 機関が認定を受けている（鈴木ら，2011）。また NCLCA は，学習センターに関する米国最大規模の学会であり，年次大会にはセンターの運営やチューター教育に関わる教職員が多く参加している。

　この項では，CRLA の認証を受けているテキサス A&M 大学のライティングセンター（University Writing Center：UWC）のサービスとチューター制度を紹介する。

（1）提供しているサービス

　テキサス A&M 大学のライティングセンターでは，学生が作文活動に興味を持ち，より思慮深く，説得的に，正確に書けるようになることを目的として支援を行っている。主なサービスは以下のとおりである。

　まず，学部生向けに一対一の個別相談（One-on-one consultations）を提供してい

図10-3　個別相談の様子（向かって右がチューター）

る。そのために，ライティングセンターの教職員が学部学生に研修を行い，チューター（ライティングコンサルタント）を育成する。個別相談の主な内容は，授業のレポートや卒業論文等の執筆支援である。支援のポリシーは，書くことに関する汎用性の高い知識と技術の修得や，書くことの反復を促すことである。このポリシーは，研修によって全チューターに共有される。来談者のレポートを「とにかくやっつける」ような，対症療法的な支援は禁止されている。利用者に十分な数のセッションを提供するために，センターには常時数名のチューターが待機している。

次の大学院生向けには，チューターではなくライティングセンターの教職員によるライティングワークショップを開催している。ワークショップでは，大学院生によるライティング・グループの成立支援と，そのファシリテーションを提供する。院生らは毎週グループミーティングを行い，自らの学位論文の執筆計画を立案する。ライティングセンターの教職員は，学会プロポーザルの執筆，文献のレビュー，アブストラクトの執筆のポイント（tips）を指導する。また，一対一での学位論文の執筆支援も実施していて，論文以外の文章についても支援を受けることができる。

その他の教育効果の高いサービスとしては，作文に必要な学習教材の提供があげられる。教材はライティングセンターの教職員やチューターが作成し，Webサイト経由で24時間利用可能である。図10-3の個別相談デスクの右端には印刷された複数の教材が用意されており，個別相談の最中にチューターがいつでも活用できる状態になっている。

（2）個別相談の仕組みとライティングセンターの設備

先述のサービスのうち，特に活発なサービスである個別相談に従事する学生チューターは約50名の学部生で構成されている。チューター育成のための研修は，春学期と秋学期の開始前もしくは直後に，一週間に8時間かけて行われる。チューターは無

料で受講可能だが，個別相談に従事するためにはこの研修を終えている必要がある。また研修は，CRLA のカリキュラムを参考に行われており，成人学習理論，Bloom の教育目標分類学，学習スタイルの測定と活用方法など，教育学の知見をふまえたものが多く含まれる。これらの研修内容から，研修で育成しようとしているチューターとは，正解を教えるだけの知識の供給者や教員の代行者ではなく，学習者自身の問題点を本人に気づかせるための足場がけを，学生一人ひとりに合った方法で丁寧に行うための存在であることがうかがえる。

　ところで，チューターの身分を保持するためには，自身の学業や課外活動の合間をぬった長期間の研修やたゆみない研鑽を必要とする。一方で個別相談の時給は 8 ドルと決して高額ではない。このことについてチューターにたずねてみたところ，「教育指導経験は履歴書に掲載できるため，就職や進学に有利だ。だから，時給が安くてもこの仕事を行う価値がある」とのことであった。さらに，チューター自身も研修を受

図 10-4　センター内の談話スペース

図 10-5　来談者用のライティングスペース

図 10-6　各チューターの指導ポートフォリオ

けて自らの学力を向上させられること，教職員らと信頼感のある深い関係を構築できること，などのチューター自身が享受できる教育的利益が数多く存在することが判明した。個別相談は，学習上の疑問や問題が解決する来談者だけではなく，教える側のチューターにとっても貴重な学習機会を提供するのである。

個別相談を受けた利用者の声を聞くと，「学習理論が他の授業でも有用だった」「チューターは，学び方や学習に最適な方法を教えてくれた」（Student Learning Center-Texas A&M University, 2010）等と述べており，学習方法の学習（Learning how to learn）によってその場しのぎにとどまらない汎用的な学習効果を得られたと実感している（なお，この感想はライティングセンターではなく，同大学の学習支援センター（Student Learning Center）の個別相談によるものである。しかし両センターともチューター育成の方針は同じである）。学習方法の学習を意識した個別相談によって，ある学問領域や科目にとどまらず，他領域にまで転移可能な学習方法の学習を提供できる可能性がある。

ところで，ライティングセンターとはどのような設備を備えた空間なのだろうか。テキサスA&M大学ライティングセンターは大学図書館内に設置されており，内部にはリラックスした雰囲気の談話スペース（図10-4），来談者が個別に作文を行えるスペース（図10-5）などが設置されている。利用者は，その目的に応じてセンター内の空間を使い分けることができる。また書棚には，チューターだけでなく来談者も自由に利用できる作文や学習方法の学習に関連した書籍や，チューターらによる個別相談ポートフォリオ（図10-6）が収められている。なお，ライティングセンター内にない書籍は図書館で借りて持ち込むことができる。このようにライティングセンターと図書館の空間や機能を連続させることで，学生による利用率を上げる効果が双方にとって期待できる。

2．国内事例1：早稲田大学

早稲田大学ライティングプログラムは，正課授業「学術的文章の作成」と，課外支援機関のライティングセンターとが両輪となり推進されている文章産出指導の実践である。本節では，ライティングセンターの理念を参照しつつその取組みを紹介する。

（1）ライティングセンターの理念と取り組み

一つめの理念は，書くことを過程で支援すること（Writing Process運動）である。構想段階，下書き，最終稿など，いずれの作文プロセスにおいても支援を行う。なお学生の利用回数に制限はなく，同じ文章を繰り返し検討することもできる。

二つめは，学問領域を横断した書くことの支援（Writing Across the Curriculum運動）である。作文には学問領域にかかわらず共通した問題がある（早稲田大学オープン教育センター，2011）ことから，チューターは領域の専門家としてではなく，一

読者としての視点から指導を行う。この理念から，センターは全学（学部生，院生，教員）を相談対象としている。

　三つめの理念は，作文を直すのではなく，自立した書き手を育成することである。したがって校正や翻訳ではなく，「気づきを促す対話」（冨永，2010）を実践する。チューターは問題を発見しても直接指摘するのではなく，「『他者意識』という言葉をどのような意味で使っていますか？」「それは文章中で定義していますか？」などと質問の形をとって来談者に投げかける。これによって来談者自身に自らの文章に対する振り返りを促し，問題点と修正方法の発見を促すのである。一方，チューターが来談者に「この文は不要なので削除してください」などと指示することは，気づきを促さない個別相談である。これは来談者の思考を停止させ，理由を考えないまま機械的に修正を行わせるだけになってしまう。

（2）提供しているサービス

　このプログラムの要素を表10-2に示す。表10-2より，基礎と応用，非対面と対面など，正課と課外の学習の要素を対応させて計画していることがわかる。しかし興味深いのは，チューターによる指導という運用方法が課外のみならず正課でも採用されている点である（もっとも，早稲田大学の初年次生9,800名を対象とした授業で文章指導を行うためには，チューターの活用は必須だろう）。センターの担当教員は，一般的な正課授業のように学生への直接指導は行わず，その代わりにチューターを育成する。その際は，学問領域や言語を横断した個別相談を展開するために，チューターの国籍，使用言語，学問背景に多様性を持たせている。チューターは大学院生であり，学部生もしくは大学院生を個別に指導する。佐渡島（2012）によれば，正課と

表10-2　早稲田大学アカデミックライティングプログラム

	正課	課外
環境	学部「学術的文章の作成」 大学院「学術的文章の作成とその指導」	ライティングセンター
対象	初年次学生*	学部生・院生・教員
提供形態	オンデマンドおよび指導員**による フィードバック***	対面（1対1）
目的 指導方法	基礎技能の学習	技能の状況に応じた選択・活用
レベル	基礎	応用
運用方法	教員が大学院生を指導し，大学院生が学部生を指導	

　*　　　基本的には初年次学生が対象だが，全学年で受講可能。必修ではない
　**　　 修士以上
　***　　Microsoft Wordのコメント機能を用いた添削指導

課外のチューターは一部重複しており，彼らは「両方の指導方法を経験することで，自らの指導技術や作文の知識がより深まる」という感想を持っているとのことである。テキサスA&M大学のチューターへのインタビューにもあったように，指導することによるチューター自身の学びはここでも得られているようである。

　このプログラムで指導の対象となる文章は学術的文章である。学術的な文章とは，書き手の思考が整理されており，読者に意図が伝わる，論証を伴う科学的な文章を指す（佐渡島・吉野，2008）。たとえば以下が想定されている。授業のレポート，語学クラスの課題，プレゼンテーションの原稿，学位論文，投稿論文，要旨，研究計画書などである。テキサスA&M大学との相違点は，学術的文章以外の文章に扱わないことや，大学院生や教員に対しても学生チューターが指導することである。扱う文章の種類や対象とする来談者の範囲は，大学ごとのニーズを分析・把握し，独自に決定していく必要があるだろう。

　また学術的文章の言語は，日本語と英語の2種類を扱っている。来談者は，セッションの種類を次の4パターンから選択することができる。すなわち，①日本語文章を日本語で検討，②日本語文章を日本語教育専門のチューターと検討，③英語文章を英語で検討，④英語文章を日本語で検討，である。

（3）チューティによるセッション評価

　利用者は，「言いたいことがあるのにそれをうまく言語化できないとき，チューターとの対話を通して，自分の考えが整理された」「すぐに『答』を与えられるのではなく，『考え方』を与えられるので，自分の思考能力を高められた」などと感想を寄せている。書くことは思考そのものであり，書くことによって学習方法の学習を自律的に行う能力が育成されるのではないだろうか。

3．国内事例2：名桜大学言語学習センター

　名桜大学言語学習センター（Language Learning Center：LLC）は，先に述べたように日本で唯一CRLAのチューター認証を受けている学習支援機関である（2011年3月現在）。センターは，言語学習者の言語学習および異文化理解のサポートとチューターの技術向上の二つの目的をもって2001年に創設された。本節では，LLCが提供する課外学習支援サービスと，正課授業との連携の効果について紹介する。

（1）提供しているサービス

　センターでは，英語，韓国語，中国語，スペイン語など多言語にわたる言語学習支援を行っている。言語学習者を支援するための様々な学習教材を揃えており，来談者はそれらの教材を自由に利用しながら，各自の能力とニーズに合わせた自主学習や授業の課題を行うことができる。質問したい場合は，常駐する10数名の専属チューターを活用することができる。チューターの約半数は留学生であり，それぞれ母語が

異なっている。日本人チューターは外国語を，留学生チューターは日本語を学べることから，個別相談からだけではなく，チューター同士の自然なインタラクションからも学習が生じている点が特徴的である。

　チューターの質の向上と保証のために，同センターは2002年にCRLAの認証を受けている。認証には，通常（Regular Certified tutor），上級（Advanced Certified tutor），卓越（Master Certified tutor）の三つのレベルと，それぞれに研修内容と時間などの要求項目がある。チューターは，CRLAが設けるいくつかの項目をクリアすることによって資格を取得でき（津嘉山，2011），名桜大学言語学習センターではチューターの相当数が最上位のレベル3の資格を達成している。

　チューター研修は，学習支援専門職員（Learning Specialist，鈴木ら，2011；鈴木，2011）のメンタリングのもと，チューターが中心となって行われる。LLCでは，個別相談を「学生の疑問や質問に対し，アドバイスあるいは答えを見つけられるように導くこと」であると定義しており（津嘉山，2011），研修は個別相談を行うために必要な知識や技術を習得・確認するために行われる。たとえば，研修担当のチューターが具体的な個別相談場面を複数提示し，チューターとして望ましい対応方法を全員で議論するといった内容である。チューターが中心となった協調学習によって彼ら自身を研修するという自律的な方法は，彼らのチュータリングについての知識をより深める優れた手法であろう。

（2）チュータリング利用実態の調査

　LLCでは，語学の授業担当教員と協力し合い，正課の授業内容とLLCでの活動を連携させることで，効率的・効果的な言語学習支援を試みている。

　津嘉山（2011）は，個別相談利用者に対して，利用実態や意識に関するアンケート調査を実施した。調査協力者は，LLCでの個別相談利用課題を英語の授業で課された1年生142名であった。実施時期は，学期末の7月であった。その結果，「LLCを定期的に利用する」と答えた学生は，142名中112名であり，約79％の受講生が課題を行うためにLLCを定期的に利用したことがわかった。「LLCで実際に利用したことのあるサービス（複数回答可）」の質問では，DVD教材の視聴（29名）や自主学習（33名）をおさえて，チューター制度（75名）が最も多かった。最後に，「今後も個別相談を利用したいか」の質問に「とても」あるいは「まあまあ利用したい」と回答した学生は，112名中104名であった。このように，正課の課題と課外学習の内容を連携させることは，今後の長期的かつ自主的な課外学習の場の利用に繋がると思われる。継続した取組みと評価が必要である。

4．まとめ

　大学の正課教育との両輪である課外教育のうち，ライティングセンターの個別相談

制度に焦点を当てて国内外の事例を紹介した。個別相談では，チューターが学習者のニーズや状況に合った学習方略，目的，言語を選択したり，気づきを促す質問を行ったりすることで，問題解決を支援していた。学習方法の学習を活かした個別相談は，チューターと来談者の双方にとって，科目や学問領域を横断した学ぶための知識や技術の存在を知り，それらを身につけるための貴重な機会となることが示された。今回紹介したライティングセンターに共通することは，学習のねらいを，論理的な読み書きを通じた汎用的な学習技術・学習習慣・論理的思考力の習得としている点である。

　学習方法の学習は，学士課程答申や高等教育の現場で求められているが，現在の日本国内の正課教育のカリキュラムのみでカバーすることは困難である。さらに，授業や教員を中心とした縦割り型の個別対応では限界もある（髙橋・小田，2012）。したがって今後は，学生を対象とした個別相談制度を中心とした課外での学習支援活動と正課教育を連携させるために，双方の学習活動をつなぐ大学教育カリキュラムのグランドデザインを行い，実践とデータに基づく評価と改善のシステム的アプローチを継続して実施する必要があるだろう。教育実践と研究との間の往復こそが，学習者にとっての論理的な文章の読みと書き，書くことと考えること，基礎教育と専門教育，正課教育と課外教育とをつなぎ，論理的読み書きスキルの持続と転移を促進するのである。

4節　本章のまとめ

　本章では，高等教育における論理的読み書きの教育を取り上げ，学んだスキルの転移と持続の問題を指摘した。この問題を解決するための方法の一つとして，まず中心的なカリキュラムにおいて論理的読み書きを通した学習活動を実施することが挙げられた。中心的なカリキュラムで，学ぶ道具として論理的読み書きを行うことで，学習者にとって論理的な読み書きが「学ぶためのツール」として意識され，他の課題や取組後の活用が促進されることが示唆された。

　第二のアプローチとしては，ツール（システム）を用いて個々の授業における評価を集約することが挙げられた。評価が体系的に実施され，集約されることで授業間の連携を高めることができる。また，体系的なフィードバック自体が，論理的読み書きのスキルが他の場面でも重要であることを示す手立てとなり得る。評価の指導的機能を発揮するとともに，それをもとにした連携が行われることで，転移を促進する環境づくりの一助となることが期待できた。

　最後に，学び続けるための仕組みとして個別相談を取り入れることが有効であることを示した。個別相談によって，論理的読み書きに関する指導が持続的に開かれたも

のとなり，広く学習する文脈に論理的読み書きを位置づけることができる。

　これらの提案はいずれも研究においてその有効性が示唆されているものではあるが，取り組みのためのリソースの確保など解決すべき課題も多い。これらの解決を目指すとともに，高等教育以外にも適用可能な，あるいは適用すべきアイデアを提供していくことも重要ではないだろうか。

第11章 論理的な読み書きの育成
——これまでとこれから

1節　論理的読み書きに関する研究と実践

　本書では，文章を論理的批判的に読み説得力のある表現で書くことをこれからの教育における重要課題として位置づけ，その育成方法を教育心理学，教育工学の観点からまとめた。

　本書のテーマである「論理的読み書き」自体は新しい話題ではない。たとえば，「批判的思考」の研究はアメリカを中心に1960年代に盛んに行われている。井上（2009）は批判的思考の重要性が「1930年代後半，特に第二次世界大戦後のマスコミの発達・普及につれて増大してきた」（p.169）と分析している。その中で批判的思考を読みに適用する「批判的読解」が取り上げられ，文章に書かれている内容を受容するだけでなく，適切さを評価することがカリキュラムに取り入れられるようになっていった。本書でも紹介したワトソン・グレーザー批判的思考力テストは1940年代から開発が進められ，批判的思考力育成を狙った教育的介入の効果測定等に用いられていた。

　もちろん，日本でも論理的読み書きの育成が意識されなかったわけではない。特に，井上尚美が提案した「言語論理教育」では，論理的に読み書きするスキルの指導を明示的に行うことが重視されている（井上，2009）また，1977年から活動していた言語技術の会も，論理的な表現を重視した指導を検討しており（言語技術の会，1990），独自のテキストを作成している。他にも三森ゆりかの「言語技術教室」の取り組みでは，幼児から大人まで論理的な読み書きの具体的トレーニングが提案される（三森，2005; 20B）など様々な展開がなされている。

　また，心理学領域では，読解プロセスや作文プロセスの研究が1980年代に盛んに行われ，本書でも紹介したモデルが提案されている。これらのモデルをもとにした介入も開発された。研究知見からは，理解することが積極的な意味構築活動であり，既有知識と結び付けた表象（状況モデル）が重要であることや，作文は再帰的プロセスであり，よい文章を書くにはプランニングや修正を適切に十分行うことが重要である

ことが示された。前述した井上らの「言語論理教育」には，こうした心理学の知見が反映されているところも多い。

こうした展開が見られる一方で，論理的読み書きが日本の学校教育の中で十分に実施されるようにはなっていなかった。2000年までに出版された中学校教科書をみると，（教科書会社や発行年による変動はあるものの）取り上げられている教材の7割程度が文学作品であり，論理的な文章を取り上げる機会は少ない。もちろん，文学作品の読み取りであっても論理的な読み方の指導を実施することは可能である。ただし指導要領や指導案をみると，文学教材については共感することや「味わう」ことが主眼となっており，読みとれる内容を論理的に分析する，という目的は少なくとも明確ではない。また，どのような論理的な読み方をするべきかという方略の指導も十分とは言えない。こうした国語科の在り方から，「国語の力は考えて身につくものではない」というイメージを持つ学習者や「国語の勉強の仕方がわからない」と悩む学習者も多い。

書くことに関しても，論理的な指導が十分になされてきたとは言えない。第6章に紹介したように，作文で取り上げられるのも生活文が主体となっており，「説得力のある文章を書く」という視点が欠けていることが指摘されている。また，作文の指導において，「再帰的プロセス」という視点が明確化されず，作文プロセスの研究を活かした指導がなされてこなかった。このように，読むこと書くことを中心的に扱う国語の授業の中で，論理的な読み書きの指導が不十分であったと言える。

論理的読み書きに関する研究や実践知見が日本の学校教育に反映されるようになったのは，OECD生徒の学習到達度調査（PISA）などによる問題提起がなされてからであった。長らく言語論理教育を提案してきた井上（2009）は「90年代後半からここ数年の間に，明らかに潮目が変わった」とその実感を述べている。「PISAショック」とも呼ばれた2003年のPISAの結果は，これまでの国語教育の中で「読解力」と考えられてきた能力をより拡張したリテラシーが必要であり，日本の教育にそのリテラシー教育が欠けていることを指摘するものであった。PISAの結果を受ける形で，学校教育において論理的読み書きを重視していくことが強く打ち出されるようになり，指導要領がこれを確立するものとして改訂された。これを機に，論理的読み書きの指導が，日本において本格的に始動したと言えるだろう。

2節　本書の提言

こうした変化の中で，筆者らは，論理的読み書きの指導が本格化してきた今こそ，関連する研究知見をまとめ，論理的読み書きの研究と実践をより充実させることが重

要だと考えた。上述したような研究蓄積があるものの，それらを統合し，論理的読み書きの研究と指導をまとめた研究書は，筆者らが知る限り見られない。以下では本書の内容を振り返りながら，「論理的読み書き」の力を育成するための提言をまとめる。

1．認知プロセスの観点と「型」指導の統合

本書では，教育心理学に代表される論理的読み書きの認知プロセスに関する研究やそれに基づいた実践の知見と，言語論理教育やいわゆる欧米式のエッセイライティングなどに見られる型（規範）を重視した指導に関する知見を統一的なテーマのもとにまとめた。実際の指導に当たって，双方の知見を活かすことが重要だと考えたためである。

作文の指導を例に考えてみよう。初等中等教育において意見文の取り扱いが少なく，論理的作文自体が取り上げられにくかった一方，高等教育ではレポートの作成や論文指導が行われてきた。ただし，典型的なレポート指導は，その学問領域の論文を抽象的な手本として示し，そこを目指すように個別的な添削指導を行うことが主流であったと言える。しかし，こうした指導はまず「型」がどのような要素から構成されているのかが明らかでないうえに，「どうすれば型が示す目標にたどりつけるのか」を明示しない場合が多いため，特に初学者にとっては十分な効果がない可能性がある。

一方，作文の方略教授を中心とした心理学の観点からの指導では，目標とする文章の型を明示することはあまり重視されない傾向がある。白石・鈴木（2009）は，文章の規範を示さないことが，正解がわからない問題に直面する経験になり，これまでの教育で培ってきた「正解信仰」から脱却することにつながるという可能性を提案している。しかしその一方で，文章の規範が明示されないことで学習者の認知的負荷を増し，内容について十分に吟味する余裕がなくなってしまう可能性も考えられる。

認知プロセスの観点からの指導の効果は多くの研究で示されているが，そのときに規範を明示的に指導することがどのような影響を及ぼすかについては明らかではないと思われる。特に，日本の学習者は，初等中等教育を通して書くための型の明示的な指導を受けずに高等教育に進む場合が多い。型を示すことが書き手の論理的作文の質を向上させるかどうか，改めて検討することも必要ではないか。

現時点での研究成果をまとめると，認知プロセスの観点と「型」指導の両方を取り入れることに利点があるように思われる。認知プロセスの観点から，プランニングの方略を指導したり，推敲する観点を伝えたりすること，プランニング・執筆・推敲の過程を繰り返すこと，等を通して，学習者はよい作文を書くための具体的行動を学んでいくことができると考えられる。同時に，論理的な文章の型を指導することで，目標を明確にし，書き手を「暗中模索」させないことが必要である。

このような，認知プロセスと指導技術の統合を実現するためには，初学者に「読み

書きについての技術と知識」を学習させる，メタ学習の仕組みづくりが必要である。対面指導の在り方だけでなく，たとえばワークブック形式の教材や e-learning など教育環境の開発においても，認知プロセスと型（規範）の観点を両立させて示していくことが有効だと考えられる。

2．読むことと書くことの指導の統合

　本書では，コミュニケーションの観点から，「読み書き」の指導を統合した指導の有効性を示してきた。先行研究や文献をみると，「読むこと」と「書くこと」を切り離して取り上げていることが多い。特に教育心理学の研究では，それぞれの認知プロセスの研究に基づいた方略指導が中心になっており，「読むこと」と「書くこと」を意識的に統合した指導方法は少ない。しかし，情報の受容・吟味と情報の伝達・表現というコミュニケーションの観点からみると，両者を組み合わせた指導は数多く実践されていることに気がつく。

　たとえば相互教授法（Palincsar & Brown, 1984）では「書くこと」と「説明する」ことが取り上げられている。また，CORI（Guthrie et al., 1998）でも方略の指導を中心としつつ，仲間に説明したり，学んだ内容をレポートにまとめたりする活動が取り入れられている。こうしたコミュニケーションの要素をより意識的に取り入れた指導方法として，相互説明（清河・犬塚，2003）やダイナミックジグソー（Miyake & Shirouzu, 2006），学習支援センターにおける個別相談（ピア・チュータリング）（椿本ら，2012）を位置づけることができるだろう。

　また，作文の指導においても，書き方の指導や添削といった直接学習者の書く技術やプロセスに働きかける以外の方法の効果が指摘されている。たとえば，他者の作文の評価（Inuzuka, 2005）や，他者の考えを聞きながらの共同執筆（冨永・向後，2007；伊東ら，1998）などは，読むことや他者とのコミュニケーションを通してよりよい文章を書けるようになる過程を示す研究として位置づけられる。

　こうしたコミュニケーションの要素を活かした学習をサポートする環境も重要である。たとえば eJournalPlus（Oura et al., 2008）は，読み手が電子的文書の読解に際して下線引きした箇所の概念地図を作成することで，理解表象の可視化と精緻化を支援する。さらに，概念地図上の要素を引用できる機能によって，読解した内容を引用しながら文章を書くことができる。このシステム上でも，読むことと書くことはシームレスにつながっている。また，サーバを介することで，複数の学習者が互いの概念地図や文章を閲覧し相互にコメントをつけられる。コメント機能の活用により，読解した内容や産出した文章内容により焦点化した議論が促されることが明らかになっている（望月・椿本，2014）。

　このように，電子的環境においても，読み書きを統合し，コミュニケーションを通

して論理的読み書きを改善することができるようになってきている。このようなシステムやソフトウェアに支えられた協調学習の方法や環境は，CSCL（Computer Supported Collaborative Learning）と呼ばれ，学習科学の分野を中心として世界的に研究が進められている領域でもある。教室や授業などの制限を超えたより柔軟な指導が可能になっていると言えるだろう。

3．新たな技術への着目と活用

　これまでの多くの研究は，文章そしてプリントテキストを中心に展開されてきた。しかし，第3章で述べたように，ICTの発展を背景に，様々なマルチメディアテキストが私たちの生活の中で用いられるようになってきた。また，コミュニケーションや指導のコストを下げるようなICTの活用（CSCLなど）も提案されてきている。こうしたICTの活用の例としては，共同執筆を促すシステム（第7章で紹介したRe：や先述したeJournalPlus）や作文評価システムなどの形で実装されている。

　こうしたICTの活用はさらに進められており，学習環境を大きく変えようとしている。たとえば高等教育では，これまでの学習方法の主流は対面での授業であったが，2012年頃から急速に，インターネットによる授業配信（Massive Open Online Courses：MOOCs，大規模公開オンライン講座）が行われるようになってきた。MITやスタンフォード大など米国の有力大学から始まったこうした動きに日本の大学も続き，2013年には東京大学や京都大学などが授業公開に乗りだしている。学習の機会や方法がインターネットによって大きく開かれるようになってきたと言える。

　また，学習者が授業外で個別にWeb教材等を用いた学習（Web Based Training：WBT）を行い，教室では他の学習者や教員と対面でその知識を活用した議論や演習等の応用課題を行う，反転授業（Flipped Classroom）という形態も，高等教育を中心に注目されている。ここでは，読んで学習することと，それをもとに表現することが，学習の手段として重視されている。

　これらの授業は，従来のように読むこと（聞くこと）と書くこと（話すこと）が分離されず，学習者同士や学習者と教員の直接的なコミュニケーションを介して結びつけられている事例と見ることができる。コミュニケーションを通して論理的な読み書きを学ぶ機会を提供するものと位置づけられるだろう。

　しかし，MOOCsや反転授業がコミュニケーションを介した論理的読み書きの機会を提供するのと同時に，学習者がすでに論理的読み書きの力を有していることを前提としていることも指摘できる。教育の新たな動きの中で，より高度な論理的な読み書き能力を育成するためには，基礎的なレベルでの論理的読み書きの知識やスキルの獲得から，どのように継続的・発展的なカリキュラムを構成していくか，という観点が重要だと考えられる。

さらに，MOOCs や WBT，さらには近年初等教育で広がりをみせているデジタル教科書などで用いられるようなマルチメディア教材の理解プロセスの特徴が明らかにされる必要があるだろう。先述したように，これまでの研究では，デジタルテキストの読解プロセスが十分検討されていない。たとえば，MOOCs や反転授業の中では，教師が講義するビデオ映像と図・グラフ，テキストなどを組み合わせて用いることが想定できる。さらに学習者は，そのような画面を視聴しながら，SNS（ソーシャル・ネットワーキング・サービス）を利用して，別の学習者と講義について議論する場合もありうる。そのときに，組み合わされる題材やその内容，さらには SNS 上で議論した内容や議論することそのものが，学習者の理解過程にどのような影響を及ぼすのか，といったことは明らかではない。現状では教材作成者個々の経験などによって教材が作成されていることが多いと考えられ，ICT を活用した教材作りの原則は明確化されていない。新しい教育方法が多くの人にとって有益なものとなるためには，理解プロセスの観点から適切な教材が準備されることが必要である。そのための基礎研究の充実が今後急務となるだろう。

3節　「生きる力」としての論理的読み書き

　「論理的読み書き」の必要性と，今後の教育研究と実践の方向性について論じ，本書の締めくくりとしよう。
　本書では「論理的な読み書き」の力が現代社会における「生きる力」となることを繰り返し述べてきた。こうした見解は，OECD（2011）の発表した 21 世紀型スキル（Assessment and Teaching of Assessment and Teaching of 21st -Century Skills；ATC21S）にもみることができるし，2011 年の指導要領改訂にも表れていると言えるだろう。21 世紀型スキルでは，思考方法に関しては自ら問題を発見すること，メタ認知，批判的思考の重要性が示されている。また仕事方法に関しては，コミュニケーションと協働のスキルが重要だとしている。これらの要素が，論理的読み書きに深くかかわっていることは，本書で繰り返し述べてきたとおりである。論理的読み書きは，メタ認知や批判的思考を中核としたコミュニケーションの一形態だと言うことができるだろう。
　21 世紀型スキルが示される背景には，社会の変化とそれに伴う「生きる力」の変化がある。従来の学校で重視されてきたスキルは，個人が知識を正確に習得し，決められたゴールに向かって与えられた課題を効率よく解くことであった。しかし，こうしたスキルの多くは，技術の発展に伴い機械（コンピュータ）がその主な担い手となっている。人間にしかできない課題は，明らかな解のない問いに対して，変化し続

ける環境の中で，知識や技術を柔軟に用いて判断することが中心となってきている。こうした情勢の中では，「一時的に詰めこんでその後活用されないような知識の習得」ではなく，「後から必要に応じて活用できる知識の獲得」がいっそう重要になる。環境や問題の変化に合わせて，様々なことを必要なときに学び直す力が，21世紀を生きるすべての学習者に求められる「生きる力」だと言えるだろう。この学び直しには，論理的な読み書きが不可欠である。知識や情報の伝達は，読むことと書くことによって支えられ，効率化されていると言える。書かれた情報を正確に読み吟味すること，情報を的確にかつ説得的に表現することによって，学び直しがなされるのである。

　こうした学び直しは，研究や学校などのアカデミックな場に限定されるものではない。たとえば第4章では，論理的な読みの力が日常生活の中で必要になる場面として，原子力発電所の事故による放射性物質の影響を取り上げた。多くの人は，放射能についての知識が豊富なわけではないから，ここで「学び直し」をしなくてはならない。書籍などの従来型のメディアだけでなく，インターネットのWebページを参照したり，SNS上の情報を頼りにしたりしながら，これまでは必要とされなかった知識を学び直し，自分の生活に関わる判断をしなくてはならない。第4章では先述の課題を「日常生活の中で批判的読解が必要な場面」として紹介したが，これは同時に学び直しが必要な場面でもあったと言える。学び直しは，必要な関連知識が少ない場合にこそ重要である。しかしその一方で，関連知識の少なさは批判的読解を困難にすることも本書で指摘したとおりである。

　では，学び直しと批判的読解の双方を成立させるためにはどうすればよいのだろうか。論理的な読み書きを成功させるためには，メタ認知やコミュニケーションの要素が重要となる。まず，自分に必要な知識がないから決定を保留して学び直すべきだと判断できるか，というのはメタ認知に大きく関わる。また，より知識のある人から教えられたり，同等の知識の人と協同で教えあったりできるか，というのはコミュニケーションの要素だと言える。このように考えると，学習者同士がコミュニケーションしながら協調し，文章を批判的・メタ的に捉えながら学習を進めることが重要であることがわかる。学校の中で，学び直しのための論理的読み書きの力を育成すること，そのときにコミュニケーションや協同を取り入れ，その価値や効果を明示することが重要であろう。

　一方，上に述べたような日常的な学び直しの場面では，書籍のような従来型のメディアだけでなく，インターネット検索やそこで提示されるWebテキスト，SNS上の情報などが多く用いられている。しかし第2章で述べたように，これらの新しいメディアを用いた読み書きについては，研究知見や実践知見がまだ十分とは言えない。読解の文脈で考えると，関連する研究領域としては，SNSによるデマ拡散のプロセス（鍋島ら，2013；岡崎ら，2013；Tanaka et al., 2012）やその防止のためのシステ

ム開発（Tanaka et al., 2013）などを挙げることができる。これらの研究から，SNSを中心としたインターネットでのコミュニケーションにおいて，批判的読解が特有の難しさを持つことが示唆されてきている。ただし，SNSへの投稿と投稿間のつながりを分析した研究がほとんどであるため，それらに対する読み手（書き手）のプロセスはわかっていないと言える。

　また，指導場面でのICTの活用については，本書の中でも第2部を中心に事例を紹介してきた。しかし，こうした活用はまだ一部の大学や研究機関，および研究課題としての実践が主で，一般的な教育カリキュラムの中に根付いているとは言えない。ICTの活用に関わる問題としては，システムの開発と実施は大学教育がその主な対象となっており，そのすそ野が広がっていかないことも指摘できる。初等中等教育の教員なども含めた多くの指導者が開発されたシステムにアクセスしやすい環境をつくることや，カリキュラムの中にシステムが位置づけられること，システムを利用したカリキュラムや授業開発を支援する組織づくりなどが重要である。

　人が日常的・学術的文脈の中で，コミュニケーションとして論理的読み書きを行い，学び直していくこと，それを支援するカリキュラムとシステムが整備されることが今後ますます目指されるだろう。

文献

● 第1章

秋田喜代美（1988）．質問作りが説明文の理解に及ぼす効果　教育心理学研究，**36**，307-315.

Anderson, R. C., & Pearson. P. D. (1984). A schema-thematic view of basic processes in reading comprehension. In P. D. Pearson, R. Barr, M. L. Kamil, & P. Mosenthal (Eds.), *Handbook of reading research*. New York: Longman. pp. 255-291.

ベネッセ教育研究開発センター（2006）．〈レポート〉高校入試におけるPISA型学力分析について—「読解力（読解リテラシー）」と国語入試問題—　BERD　7号

Brown, R., Pressley, M., Van Meter, P., & Schuder, T. (1996). A quasi-experimental validation of transactional strategies instruction with previously low-achieving second-grade readers. *Journal of Educational Psychology*, **88**, 18-37.

Cain, K., Oakhill, J., & Bryant, P. (2004). Children's reading comprehension ability: Concurrent prediction by working memory, verbal ability, and component skills. *Journal of Educational Psychology*, **96**, 31-42.

Gaultney, J. F. (1998). Differences in benefit from strategy use: What's good for me may not be so good for thee. *Journal for the Education of Gifted*, **21**, 160-178.

Guthrie, J. T., Hoa, A. L. W., Wigfield, A., Tonks, S., Humenick, N. M., & Littles, E. (2007). Reading motivation and reading comprehension growth in the later elementary years. *Contemporary Educational Psychology*, **32**, 282-313.

Guthrie, J. T., Van Meter, P., Hancock, G. R., Alao, S., Anderson, E., & McCann, A. (1998). Does concept-oriented reading instruction increase strategy use and conceptual learning from text? *Journal of Educational Psychology*, **90**, 261-278.

Guthrie, J. T., Wigfield, A., Barbosa, P., Perencevich, K. C., Taboada, A., Davis, M. H., Scafiddi, N. T., & Tonks, S. (2004). Increasing reading comprehension and engagement through concept-oriented reading instruction. *Journal of Educational Psychology*, **96**, 403-423.

市川伸一（編著）（1993）．学習を支える認知カウンセリング—心理学と教育の新たな接点—　ブレーン出版

犬塚美輪（2002）．説明文における読解方略の構造　教育心理学研究，**50**，152-162.

犬塚美輪（2008）．中学・高校期における説明文読解方略の発達と指導　博士論文　東京大学（未公刊）

犬塚美輪（2009）．メタ記憶と教育　清水寛之（編）メタ記憶—記憶のモニタリングとコントロール—　北大路書房　pp.153-172.

Kintsch, W. (1998). *Comprehension: A paradigm for cognition*. New York: Cambridge University Press.

Kizilgunes, B., Tekkaya, C., & Sungur, S. (2009). Modeling the relations among students' epistemological beliefs, motivation, learning approach, and achievement. *The Journal of Educational Research*, **102**, 243-255.

Meyer, B. J. F., Wijekumar, K., & Lin, Yu-Chu. (2011). Individualizing a web-based structure strategy intervention for fifth graders' comprehension of nonfiction. *Journal of Educational Psychology*, **103**(1), 140-168.

National Reading Panel (2000). *Teaching children to read: An evidence-based assessment of the scientific research literature on reading and its implications for reading instruction*. Bethesda, MD: National Institute of Child Health and Human Development.

Nelson, T. O., & Narens, L. (1994). Why investigate metacognition? In J. Metcalfe & A. P. Shimamura (Eds.), *Metacognition: Knowing about knowing*. Cambridge, MA, US: The MIT Press. pp.1-25.
Palincsar, A. S., & Brown, A. L. (1984). Reciprocal teaching of comprehension-fostering and comprehension-monitoring activities. *Cognition and Instruction*, **1**, 117-175.
Pressley, M. (2000). What should comprehension instruction be the instruction of? In M. L. Kamil, P. B. Mosenthal, P. D. Pearson, & R. Barr (Eds.), *Handbook of reading research*. Vol.3. Mahwah, NJ: Lawrence Erlbaum Associates. pp. 545-561.
Pressley, M., & Afflerbach, P. (1995). *Verbal protocols of reading: The nature of constructively responsive reading*. Hillsdale, NJ: Lawrence Erlbaum Associates.
RAND Reading Study Group (2002). *Reading for understanding: Toward an R&D program in reading comprehensioin*. Santa Monica, CA: RAND Education.
Rotter, J. B. (1966). Generalized expectancies for internal versus external control of reinforcement. *Psychological Monographs*, **80**, 1-28.
三宮真智子（2008）．メタ認知—学習力を支える高次認知機能—　北大路書房
Schiefele, U. (1999). Interest and learning from text. *Scientific Studies of Reading*, **3**(3), 257-279.
Schraw, G., & Bruning, R. (1996). Readers' implicit models of reading. *Reading Research Quarterly*, **31**(3), 290-305.
清水寛之（2009）．メタ記憶—記憶のモニタリングとコントロール—　北大路書房
Stanovich, K. E. (1999). *Progress in understanding reading*. New York: The Guilford Press.
Sweet, A. P., Guthrie, J. T., & Ng, M. M. (1998). Teacher perception and student reading motivation. *Journal of Educational Psychology*, **90**, 210-223.
谷口　篤（2001）．文章理解—私たちはどのように文章全体の意味を理解しているか—　森　敏昭（編著）おもしろ言語のラボラトリー　北大路書房　pp.75-98.
Zimmerman, B. J., Bonner, S., & Kovach, R. (1996). *Developing self regulated learners: Beyond achievement to self-efficacy*. American Psychological Association.

● 第2章

Bråten, I., Britt, M. A., Strømsø, H. I., & Rouet, J. F. (2011). The role of epistemic beliefs in the comprehension of multiple expository texts: Towards an integrated model. *Educational Psychologist*, **46**, 48-70.
Brown, A. L. (1980). Metacognitive development and reading. In R. Spiro, B. C. Bruce, & W. F. Brewer (Eds.), *Theoretical issues in reading comprehension*. Hillsdale, NJ: Lawrence Erlbaum Associates. pp.453-481.
Casanave, C. P. (1988). Comprehension monitoring in ESL reading: A neglected essential. *TESOL Quarterly*, **22**, 283-302.
Chase, W. G., & Simon, H. A. (1973). Perception in chess. *Cognitive Psychology*, **4**, 55-81.
Elshout-Mohr, M., & Van Daalen-Kapteijns, M. (2002). Situated regulation of scientific text processing. In J. Otéro, J. Leon, & A. Graesser (Eds.), *The psychology of science text comprehension*. Mahwah, NJ: Lawrence Erlbaum Associates. pp. 223-252.
Ennis, R. H. (1985). A logical basis for measuring critical thinking skills. *Educational Leadership*, **43**, 44-48.
Flavell, J. H. (1979). Metacognition and cognitive monitoring: A new area of cognitive-developmental inquiry. *American Psychologist*, **34**, 906-911.
藤岡秀樹（1987）．推論能力についての一考察　読書科学，**27**, 7-14.
Guthrie, J. T., Van Meter, P., Hancock, G., Alao, S., Anderson, E., & McCann, A. (1998). Does concept-oriented reading instruction increase strategy use and conceptual learning from text? *Journal of Educational Psychology*, **90**, 261-278.
Guthrie, J. T., Wigfield, A., Barbosa, P., Perencevich, K. C., Taboada, A., Davis, M. H., Scafiddi, N. T., & Tonks, S. (2004). Increasing reading comprehension and engagement through concept-oriented

reading instruction. *Journal of Educational Psychology*, **96**, 403-423.
Hacker, D. J.（1998）. Definitions and empirical foundations. In D. J. Hacker, J. Dunlosky, & A. C. Graesser（Eds.）*Metacogniton in educational theory and practice*. Mahwah, NJ: Lawrence Erlbaum Associates. pp.1-24.
Hacker, D, J., & Tenent, A.（2002）. Implementing reciprocal teaching in the classroom: Overcoming obstacles and making modifications. *Journal of Educational Psychology*, **94**, 699-718.
平山るみ・楠見　孝（2004）．批判的思考態度が結論導出プロセスに及ぼす影響―証拠評価と結論生成課題を用いての検討―　教育心理学研究，**52**(2) 186-198.
平山るみ・田中優子・川﨑美保・楠見　孝（2010）．日本語版批判的思考能力尺度の構成と性質の検討―コーネル批判的思考テスト・レベルZを用いて―　日本教育工学会論文誌，**33**(4)，441-448．
Inuzuka, M.（2004）. *The effect of working memory and monitoring skill on use of reading strategies*. Poster presented at Second International Conference on Working Memory Kyoto, 2004, August.
伊東昌子（1992）．設問に対する論述筆記解答が説明文の批判的な読みに及ぼす影響　読書科学，**36**，22-30．
Kintsch, W.（1998）. *Comprehension: A paradigm for cognition*. New York: Cambridge University Press.
小林敬一（2010）．複数テキストの批判的統合　教育心理学研究，**58**(4) 503-516.
久原恵子・井上尚美・波多野誼余夫（1983）．批判的思考力とその測定　読書科学，**27**，131-142．
楠見　孝（1996）．帰納的推論と批判的思考　市川伸一（編著）認知心理学4　思考　東京大学出版会 pp.37-60.
楠見　孝（2009）．認知心理学におけるモデルベースアプローチ　人工知能学会誌，**24**，237-244．
Lysynchuk, L. M., Pressley, M., & Vye, N. J.（1990）. Reciprocal Teaching improves standardized rewarding comprehension performance in poor comprehenders. *The Elementary School Journal*, **90**, 469-489.
Markman, E.（1979）. Realizing that you don't understand. *Child Development*, **50**, 643-655．
Markman, E.（1985）. Comprehension monitoring: Developmental and educational issues. In S. F. Chipman, J. W. Segal, & R. Glaser（Eds.）, *Thinking and learning skills: Vol. 2 research and open ques-tions*. Hillsdale, NJ: Lawrence Erbaum Associates. pp.275-291.
道田泰司（2001）．日常的題材に対する大学生の批判的思考―態度と能力の学年差と専攻差―　教育心理学研究，**49**，41-49．
道田泰司（2004）．批判的思考の多様性と根底イメージ　心理学評論，**46**，617-639．
National Reading Panel（2000）. *Teaching children to read: An evidence-based assessment of the scientific research literature on reading and its implications for reading instruction*. Bethesda, MD: National Institute of Child Health and Human Development.
OECD（2010）. *Education today 2010: The OECD perspective*. Organization for Economics.
沖林洋平（2004）．ガイダンスとグループディスカッションが学術論文の批判的な読みに及ぼす影響　教育心理学研究，**52**，241-254．
沖林洋平・古本裕美（2009）．批判的思考の能力・態度と信念バイアス課題の関連　第11回認知発達フォーラム，8-9．
Palincsar, A. S., & Brown, A. L.（1984）. Reciprocal teaching of comprehension-fostering and comprehension-monitoring activities. *Cognition and Instruction*, **1**，117-175．
Paul, R.（1995）. *Criticalthinking: How to prepare students for a rapidly changing world*. Santa Rosa, CA: Foundation for Critical Thinking.
Rosenshine, B., & Meister, C.（1994）. Reciprocal teaching: A review of nineteen experimental studies. *Review of Educational Research*, **64**，479-530．
Sa, W. C., West, R. F., & Stanovich, K. E.（1999）. The domain specifity and generality of belief bias: searching for a generalizable critical thinking skill. *Journal of Educational Psychology*, Vol. **91**，497-510．

Toplak, M. E., & Stanovich, K. E. (2002). The domain specificity and generality of disjunctive reasoning: searching for a generalizable critical thinking skill. *Journal of Educational Psychology*, **94**, 197-209.
West, R. F., Toplak, M. E., & Stanovich, K. E. (2008). Heuristics and biases as measures of critical thinking: Associations with cognitive ability and thinking dispositions. *Journal of Educational Psychology*, **100**, 930-941.
Wolfe, M. B., Schreiner, M. E., Rehder, R., Laham, D., Foltz, P. W., Landauer, T. K., & Kintsch, W. (1998). Learning form text: matching reader and text by latent semantic analysis. *Discourse Process*, **25**, 309-336.
Zeitz, C. M. (1994). Expert-novice differences in memory, abstraction, and reasoning in the domain of literature. *Cognition and Instruction*, **12**, 277-312.

● 第3章

安藤雅洋・植野真臣（2011）．eラーニングにおけるタブレットPCを用いた書込みの効果分析　日本教育工学会論文誌, **35**, 109-123.
新井紀子（2012）．本当にいいのデジタル教科書　岩波書店
有賀妙子・吉田智子（2003）．ネットワークリテラシー教育の授業設計と教材開発　日本教育工学会論文誌, **27**, 181-190.
Bannert, M., & Reimann, P. (2012). Supporting self-regulated hypermedia learning through prompts. *Instructional Science*, **40**, 193-211.
Browne, M. N., Freeman, K. E., & Williamson, C. L. (2000). The importance of critical thinking for student use of the Internet. *College Student Journal*, **34**, 391-398.
Friedman, N. P., & Miyake, A. (2000). Differential roles for visuospatial and verbal working memory in situation model construction. *Journal of Experimental Psychology: General*, **129**, 61-83.
後藤康志（2005）．メディアリテラシー尺度の作成に関する研究　日本教育工学会論文誌, **29**, 77-80.
後藤康志（2006）．学習者のWeb情報に対する批判的思考の発達　日本教育工学会論文誌, **30** (Suppl.), 13-16.
Gredler, M. E. (2002). Games and simulations and their relationships to learning. In D. H. Jonassen (Ed.), *Hnadbook of research on educational communications and technology*. 2ne ed. Mahwah, NJ.: Lawrence Erlbaum Associates. Pp.571-582.
Hirashima, T., Horiguchi, T., Kshihara, A., & Toyoda, J. (1998). Error-based simulation for error-visualization and its management. *International Journal of Artificial Intelligence in Education*, **9**, 17-31.
堀口知也・今井　功・東本崇仁・平嶋　宗（2008）．Error-based simulationを用いた中学理科の授業実践　日本教育工学会論文誌, **32**, 113-116.
岩槻恵子（1998）．グラフの読みとりにおける知識の役割　日本教育心理学会総会発表論文集, **40**, 338.
岩槻恵子（2000）．説明文理解におけるグラフの役割―グラフは状況モデルの構築に貢献するか―　教育心理学研究, **48**, 333-342.
岩槻恵子（2002）．説明文理解におけるグラフの利用におよぼす知識の影響―読み手の発話と内観から―　日本教育心理学会総会発表論文集, **44**, 517.
岩槻恵子（2006）．説明文理解時の状況モデル構築でのグラフの役割―なぜ図は理解を促進するのか―　心理学研究, **77**, 342-350.
Kim, H. S., & Kamil, M. L. (1999). Exploring hypertext reading and strategy use for structured vs. unstructured texts. Paper presented at the National Reading Conference, Orlando, FL.
近藤武夫（2012）．支援技術による読み書き困難のある児童生徒の学習支援　LD研究, **21**, 162-169.
Larkin, J. H., & Simon, H. A. (1987). Why a diagram is (sometimes) worth ten thousand words. *Cognitive Science*, **11**, 65-100.

Meyer, R. E. (2001). *Multimedia learning.* New York: Cambridge University Press.
Miall, D. S., & Dobson, T. (2001). Reading hypertext and the experience of literature, *Journal of Digital Information*, **2**.
野崎浩成・吉橋彩奈・梅田恭子・江島徹郎（2005）．テキストへの自由な書き込み行為が文章理解に及ぼす影響　日本教育工学会論文誌，**29**（Suppl.），49-52．
Ronen, M., & Eliahu, M. (2000). Simulation-a bridge between theory and reality: The case of electric circuits. *Journal of Computer Assisted Learning*, **16**, 14-26.
Salmerón, L., & García, V. (2012). Children's reading of printed text and hypertext with navigation overviews: The role of comprehension, sustained attention, and visuo-spatial abilities. *Journal of Educational Computing Research*, **47**, 33-50．
Shapiro, A., & Niederhauser, D. (2004). Learning from hypertext: Research issues and findings. In D. H. Jonassen (Ed.), *Handbook of research on educational communications and technology*. 2nd ed. Mahwah, NJ.: Lawrence Erlbaum Associates. pp.605-620.
Spicer, J. I., & Stratford, J. (2001). Student perceptions of virtual field trip to replace areal field trip. *Journal of Computer Assisted Learning*, **17**, 345-354.
高柳恒夫・中山　実・清水康敬（1993）．コンピュータディスプレイにおける平仮名文字の読みやすさ　電子情報通信学会論文誌，J76-A, **5**，774-776．

● 第 4 章

Abrami, P. C., Bernard, R. M., Borokhovski, E., Wade, A., Surkes, M. A., Tamim R., & Zhang, D. (2008). Instructional interventions affecting critical thinking skills and dispositions: A stage 1 meta-analysis. *Review of Educational Research*, **78**, 1102-1134．
Ennis, R. H. (1989). Critical thinking and subject specificity: Clarification and needed research. *Educational Researcher*, **18**, 4-10.
福澤一吉（2012）．論理的に読む技術　ソフトバンククリエイティブ
佐藤公治（1996）．認知心理学から見た読みの世界—対話と協同的学習をめざして—　北大路書房
田崎晴明（2012）．やっかいな放射線と向き合って暮らしていくための基礎知識　朝日出版〈http://www.gakushuin.ac.jp/~881791/radbookbasic/〉

● 第 5 章

Deerwester, S., Dumais, S. T., Furnas, G. W., Landauer, T. K., & Harshman, R. (1990). Indexing by latent semantic analysis. *Journal of the American Society for Information Science*, **41**(6), 391-407．
Foltz, P. W., Laham, D., & Landauer, T. K. (1999). The intelligent essay assessor: Applications to educational technology. *Interactive Multimedia Electronic Journal of Computer-Enhanced Learning*, **1**. 〈http://imej.wfu.edu/articles/1999/2/04/printver.asp〉
言語技術の会（1990）．実践・言語技術入門　朝日新聞社
石井　巌（1981）．「論文試験とその評価」について　行動計量学，**8**(1)，22-29．
石岡恒憲（2004）．記述式テストにおける自動採点システムの最新動向　行動計量学，**31**(2)，67-87．
石岡恒憲・亀田雅之（2002）．コンピュータによる日本語小論文の自動採点システム　電気情報通信学会技術研究報告，TL2002-41, 43-48．
岸　学（2008）．テクニカルコミュニケーター協会（監修）　文章表現技術ガイドブック　共立出版　pp. 1-17
Klein, J. (2002). The failure of a decision support system: Inconsistency in test grading by teachers. *Teaching and Teacher Education*, **18**(8), 1023-1033．
Landauer, T. K., Foltz, P. W., & Laham, D. (1998). An introduction to latent semantic analysis. *Discourse Processes*, **25**, 259-284．
Landauer, T. K., Laham, D., & Foltz, P. W. (2003). Automated scoring and annotation of essays with the intelligent essay assessor. In M. D. Shermis & J. Burstein (Eds.), *Automated essay scoring: A cross-disciplinary perspective.* Mahwah, NJ: Erlbaum. pp.87-112.

Loach, R. F., Lorch, E. P., & Inman, W. E.（1993）．Effects of signaling topic structure on text recall, *Journal of Educational Psychology*, **85**(2), 281-290.

三宅貴久子・泰山　裕（2013）．思考スキル指導の成果―他教科での活用に着目して―　日本教育心理学会第55回総会発表論文集，299.

長尾隆宏・森川富昭・岡田達也・広兼崇博・能瀬貴明・矢野米雄（2006）．e-Learning システムにおけるレポートのグループ化支援　日本教育工学会第22回全国大会 講演論文集，943-944.

長坂悦敬・古瀬勝茂・石井　哲・西川　努（2001）．Web 環境における記述問題自動採点　エンジンの開発　情報処理振興事業協会平成13年度成果報告集，独立行政法人 情報処理推進機構 2006年1月20日〈http://www.ipa.go.jp/SPC/report/01fy-pro/softseed/autoeval/autoeval.pdf〉

日本国語教育学会（2001）．国語教育辞典　朝倉書店

野矢茂樹（2006）．新版 論理トレーニング　産業図書

O'Keefe, D. J.（1999）．How to handle opposing arguments in persuasive messages: A meta-analytic review of the effects of one-sided and two sided messages. In M. E. Roloff（Ed.）, *Communication yearbook*. Vol. 22. Thousand Oaks, CA: Sage. pp. 209-249.

Page, E. B.（1966）．The imminence of grading essays by computer. *Phi Delta Kappan*, **47**, 238-243.

Page, E. B., Poggio, J. P., & Keith, T. Z.（1997）．Computer analysis of student essays: Finding trait differences in the student profile. AERA/NCME Symposium on Grading Essays by Computer. 〈http://eric.ed.gov/ERICDocs/data/ericdocs2/content_storage_01/0000000b/80/22/31/01.pdf〉

Rudner, L., & Gagne, P.（2001）．An overview of three approaches to scoring written essays by computer. *Practical Assessment, Research & Evaluation*, **7**(26).〈http://PAREonline.net/getvn.asp?v=7&n=26〉

佐藤勝昭（2004）．自動採点システムは入試に採用できるか―石岡論文へのコメント―　大学入試ジャーナル，**14**, 173.

澤田昭夫（1983）．論文のレトリック　講談社

関　友作・赤堀侃司（1996）．テキストにおける段落表示が内容理解に与える影響　日本教育工学雑誌，**20**(2), 97-108.

Shermis, M. D., Koch, C. M., Page, E. B., Keith, T. Z., & Harrington, S.（2002）．Trait rating for automated essay grading. *Educational and Psychological Measurement*, **62**(1), 5-18.

椿本弥生・赤堀侃司（2007）．主観的レポート評価の系列効果を軽減するツールの開発と評価　日本教育工学会論文誌，**30**(4), 275-282.

椿本弥生・中村光伴・岸　学（2007）．キーワードとキーセンテンスに着目したレポート採点支援の基礎的検討　科学教育研究，**31**(4), 210-219.

辻井潤一（編）・北　研二（著）（1999）．確率的言語モデル〈原語と計算4〉　東京大学出版会

宇佐見　寛（1998）．作文の論理［わかる文章］の仕組み　東信堂

宇佐見　寛（2001）．国語教育は言語技術教育である　問題意識集2　明治図書

渡部　洋・平　由美子・井上俊哉（1988）．小論文評価データの解析　東京大学教育学部紀要，**28**, 143-164.

Williams, R.（2001）．Automated essay grading: An evaluation of four conceptual models. Teaching and Learning Forum.〈http://lsn.curtin.edu.au/tlf/tlf2001/williams.html〉

湯川高志・吉井亜沙・福村好美・山本和英（2006）．類似度評価機能を有するレポーティングシステム 日本教育工学会第22回全国大会講演論文集，941-942.

● 第6章

Bruer, J. T.（1993）．*Schools for thought: A science of learning in the classroom*. MIT Press. 松田文子・森　敏昭（監訳）（1997）．第7章　作文教育　授業が変わる―認知心理学と教育実践が手を結ぶとき―　北大路書房　pp.189-227.

Duchastel, P. C.（1982）．Textual display techniques. In D. H. Jonassen（Ed.）, *The technology of text*. Englewood Cliffs, NJ: Educational Technology Publications. pp. 167-191

井上一郎（2012）．言語活動の充実―改善の考え方とポイント―　指導と評価

井上尚美（2009）．思考力育成への方略─メタ認知・自己学習・言語論理─〈増補新版〉 明治図書
井上尚美・尾木和英・河野庸介・安芸高田市立向原小学校（編）（2008）．思考力を育てる「論理科」の試み 明治図書
Jonassen, D. H. (Ed.) (1982). *The technology of text.* Englewood Cliffs, NJ: Educational Technology Publications.
関西大学初等部（2012）．関大初等部式思考力育成法 さくら社
向後千春（2004）．日本人大学生に対する作文教育─論理的な文章作成能力の育成に向けて─ 日本語教育ブックレット5 国立国語研究所 pp.32-40.
教育家庭新聞（2012）．言語活動を充実させる シンキングツール活用で効果（2012年9月3日 第2006号）
牧野由香里（2010）．対話の進化を可視化する知識構築の十字モデル 日本教育工学会研究報告集，JSET10-3, 133-140.
道田泰司（2003）．論理的思考力とは何か？ 琉球大学教育学部紀要, **63**, 141-153.
大庭コテイさち子（2009）．考える・まとめる・表現する NTT出版
大井恭子（2006）．クリティカルにエッセイを書く 鈴木 健・大井恭子・竹前文夫（編）クリティカル・シンキングと教育 世界思想社 pp. 100-136.
三森ゆりか（2002）．論理的に考える力を引き出す─親子でできるコミュニケーション・スキルのトレーニング─ 一声社
三森ゆりか（2005）．徹底つみ上げ式 子どものための論理トレーニングプリント PHP研究所
澤田昭夫（1983）．論文のレトリック 講談社
関 友作・赤堀侃司（1994）．テキスト理解に対する箇条型レイアウトの効果 日本教育工学雑誌，**17**（3），141-150.
清道亜都子（2010）．小学校国語教科書における意見文指導単元の変遷に関する一考察─量的検討を中心として─ 読書科学，**53**（1・2），24-33.
鈴木宏昭（2009）．学びあいが生みだす書く力 丸善プラネット
鈴木宏昭・舘野泰一・杉谷祐美子・小田光宏・長田尚子（2007）．Toulminモデルに準拠したレポートライティングのための協調学習環境 京都大学高等教育研究, **13**, 13-24.
舘野泰一・大浦弘樹・望月俊男・西森年寿・山内祐平・中原 淳（2011）．アカデミック・ライティングを支援するICTを活用した協同推敲の実践と評価 日本教育工学会誌, **34**（4），417-428.
テクニカルコミュニケーター協会（2009）．日本語スタイルガイド テクニカルコミュニケーター協会出版事業部会
冨永敦子（2010）．テクニカルライティングとライティング 東京大学大学院情報学環ベネッセ先端教育技術学講座（BEAT Seminar） 書く力を育てる大学教育 2010年12月4日発表資料
Toulmin. S. E. (2003). *The uses of argument.* update ed. Cambridge University Press. 戸田山和久・福澤 一（訳）（2011）．議論の技法─トゥールミン・モデルの原点─ 東京図書
宇佐見 寛（2001）．国語教育は言語技術教育である 明治図書
渡辺雅子（2004）．納得の構造─日米初等教育に見る思考表現のスタイル─ 東洋館出版社

● 第7章
阿部慶賀（2010）．創造的思考における「あたため」の効果に関する文献の紹介 認知科学, **17**, 225-235.
Anderson, J. R. (1980). *Cognitive psychology and its implications.* San Francisco, W. H: Freeman and Company. 富田達彦（訳）（1982）．認知心理学概論 誠信書房
Aronson, E., Blaney, N., Stephin, C., Sikes, J., & Snapp, M. (1978). *The jigsaw classroom.* CA: Sage Publishing Company.
Bereiter, C., & Scardamalia, M. (1987). *The psychology of written compositoin.* Hillsdale, NJ Erlbaum.
Cameron, C. A., & Moshenko, B. (1996). Elicitation of knowledge transformational reports while children write narratives. *Canadian Journal of Behavioural Science*, **28**, 271-280.
De la Paz, S., & Graham, S. (2002). Explicitly teaching strategies, skills, and knowledge: Writing

instruction in middle school classrooms. *Journal of Educational Psychology*, **94**, 687-698.

Faigley, L., & Witte, S. (1981). Analyzing revision. *College Composition and Communication*, **32**(4), 400-414.

Flower, L. S., Hayes, J. R., Cary, L., Schriver, K. A., & Stratman, J. F. (1986). Detection, diagnosis, and the strategies of revision. *College Composition and Communication*, **37**(1), 16-55.

深谷優子（2000）．適切な文章にするための推敲とは　東京大学大学院教育学研究科紀要，**39**，313-317．

Graham, S. (2006). Strategy instruction and teaching of writing: A meta-analysis. In C. A. MacArthur, S. Graham, & J. Fitzgerald (Eds.), *Handbook of writing research*. NY: The Guilford Press. pp.187-207.

Hayes, J. R., & Flower, L. S. (1980). Identifying the organization of writing processes. In L. Gregg & E. Sternberg (Eds.), *Cognitive processes in writing: An interdisciplinary approach*. Hilledale, NJ: Erbaum. pp.3-10.

Hayes, J. R., Flower, L. S., Schriver, K. A., Stratman, J. F., & Carey, L. (1987). Cognitive processes in revision. In S. Rosenberg (Ed.), *Advances in applied psycholinguistics*. Vol.2. Cambridge: Cambridge University Press. pp.176-240.

Hickey, D. T. (1997). Motivation and contemporary socio-constructivist instructional perspectives. *Educational Psychologist*, **32**(3) 175-193.

Inuzuka, M. (2005). Learning how to write through encouraging metacognitive monitoring: The effect of evaluating essays written by others. *Proceedings of the 27th Annual Conference of the Cognitive Science Society*, 1018-1023.

伊東昌子（2001）．筆記思考と認知―表現行為と認知の相互作用的精緻化―　森　敏昭（編著）認知心理学を語る2　おもしろ言語のラボラトリー　北大路書房　pp.99-114．

伊東昌子・伊東裕司・関野冴子（1998）．協同プラニングと相互説明を用いた説明文産出訓練―プログラムの開発と試行―　認知科学会テクニカルレポート，**28**，1-8．

岩男೰実（2001）．文章生成における階層的概念地図作成の効果　教育心理学研究，**49**，11-20．

Kellog, R. T. (1990). Effectiveness of prewriting strategies as a function of task demands. *American Journal of Psychology*, **103**, 327-342.

Nelson, T. O., & Narens, L. (1994). Why investigate metacognition? In J. Metcalfe & A. P. Shimamura (Eds.), *Metacognition*. MIT Press. pp.1-25.

三宮真智子（1996）．思考におけるメタ認知と注意　市川伸一（編著）認知心理学4　思考　東京大学出版会　pp.157-180．

清道亜都子（2010a）．中学校国語教科書における意見文指導単元の変遷に関する一考察　読書科学，**53**，34-45．

清道亜都子（2010b）．小学校国語教科書における意見文指導単元の変遷に関する一考察―見本作文及び解説文の分析を通して―　教科書フォーラム，**7**，44-55．

清道亜都子（2012）．高等学校国語教科書における「書くこと」教材の分析―昭和60年度版「国語Ⅰ」・平成6年度版「国語Ⅰ」・平成19年度版「国語総合」の場合―　読書科学，**54**，1-9．

島村直己（2008）．国語学習指導　分析編　全国大学国語教育学会発表要旨集，**115**，67-70．

高橋　薫・椿本弥生・北村　智・大辻雄介・鈴木　久・山内祐平（2011）．高校生を対象としたグループでの相互推敲を支援するシステム「Re:」の開発と評価　日本教育工学会第27回全国大会講演論文集，875-876．

辰濃和男（1994）．文章の書き方　岩波書店

冨永敦子・向後千春（2007）．ブレンディッド型文章作成指導におけるグループワークの効果　日本教育工学会研究報告集，**5**，281-288．

椿本弥生（2010a）．文章産出過程における「寝かせ」の効果検証のための予備調査　日本教育工学会第26回全国大会講演論文集，645-646．

椿本弥生（2010b）．文章産出過程における「寝かせ」に関する意識調査　日本教育心理学会第52回総会論文集，522．

椿本弥生（2011）．文章推敲過程における「寝かせ」後の修正観点に関する分析―S-P 表を用いて―　日本教育工学会第 27 回全国大会講演論文集，659-660．

椿本弥生・高橋　薫・北村　智・大辻雄介・鈴木　久・山内祐平（2013）．通信教育における意見文の協同推敲を支援するグループ編成方法の開発と評価　日本教育工学会論文誌，37(3)，255-267．

● 第 8 章

Chi, M. T. H., de Leeuw, N., Chiu, M., & LaVancher, C.（1994）. Eliciting self-explanations improves understanding. *Cognitive Science*, 18，439-477．

文部科学省（2011）．言語活動の充実に関する指導事例集―思考力，判断力，表現力等の育成に向けて―［小学校版］教育出版

Nussbaum, E. M., & Kardash, C. A. M.（2005）. The effects of goal instructions and text on the generation of counterarguments during writing. *Journal of Educational Psychology*, 97，157-169．

O'Keefe, D. J.（1999）. How to handle opposing arguments in persuasive messages: A meta-analytic review of the effects of one-sided and two sided messages. In M. E. Roloff（Ed.）, *Communication yearbook*. Vol.22. Thousand Oaks, CA: Sage. pp. 209-249.

渡辺雅子（2003）．「個性」と「想像力」の日米比較　河合隼雄（編著）「個人」の探究―日本文化の中で―　日本放送出版協会

Wiley, J., & Voss, J. F.（1999）. Constructing arguments from multiple sources: Tasks that promote understanding and not just memory for text. *Journal of Educational Psychology*, 91，301-311．

● 第 9 章

アントレプレナーシップ開発センター（2013）．〈http://www.entreplanet.org/〉

新井紀子（2006）．教育機関向けワンストップサービス構築ソフトウェア NetCommons について　情報管理，49(7)，379-386．

新井紀子・川本佳代（2004）．「e-教室」プロジェクト―知的コミュニティをサポートするオンライン協調学習環境―　情報管理，47(3)，115-163．

Daiute, C., & Dalton, B.（2009）. Collaboration between children learning to write: Can novices be masters? *Cognition and Instruction*, 10(4)，281-333．

博報児童教育振興会（2009）．第 2 回　博報「ことばと文化・教育」研究助成研究成果論文集

清河幸子・犬塚美輪（2003）．相互説明による読解の個別指導―対象レベル・メタレベルの分業による協同の指導場面への適用―　教育心理学研究，51，218-229．

McNamara, D. S.（2004）. SERT: Self-explanation reading training. *Discourse Processes*, 38，1-30．

宮地　功（2006）．グループ学習における話し合いによる意識変容　日本教育情報学会年会論文集，22，178-179．

Palincsar, A. S., & Brown, A. L.（1984）. Reciprocal teaching of comprehension-fostering and comprehension-monitoring activities. *Cognition and Instruction*, 1，117-175．

Scardamalia, M.（2004）. CSILE/Knowledge Forum®. In A. Kovalchick & K. Dawson（Eds.）, *Education and technology: An encyclopedia*. Santa Barbara: ABC-CLIO. pp.183-192.

Scardamalia, M., & Bereiter, C.（1996）. Computer support for knowledge-building communities. In T. Koschmann（Ed.）, *CSCL: Theory and practice of emerging paradigm*. Mahwah, NJ: Lawrence Erlbaum Associates. pp. 249-268.

清水　誠・石井　都・海津恵子・島田直也（2005）．小グループで話し合い，考えを外化することが概念変化に及ぼす効果―お湯の中から出る泡の正体の学習を事例に―　理科教育学研究，46(1)，53-60．

高橋　薫・村松浩幸・椿本弥生・金　隆子・金　俊次・村岡　明・堀田龍也（2009）．言語力育成から見る中学校アントレプレナー教育実践の評価　日本教育工学会論文誌，33（Suppl.），97-100．

● 第 10 章

Aronson, E., & Patnoe, S.（1997）. *The jigsaw classroom: Building cooperation in the classroom*. 2nd ed.

New York: Addison Wesley Longman.
中央教育審議会（2008）．学士課程教育の構築に向けて（答申）　文部科学省
　　http://www.mext.go.jp/b_menu/shingi/chukyo/chukyo0/toushin/1217067.htm（accessed 2012.02.10）
Guthrie, J. T., Van Meter, P., Hancock, G. R., Alao, S., Anderson, E., & McCann, A. (1998). Does concept-oriented reading instruction increase strategy use and conceptual learning from text? *Journal of Educational Psychology*, **90**, 261-278.
Guthrie, J. T., Wigfield, A., Barbosa, P., Perencevich, K. C., Taboada, A., Davis, M. H., Scafiddi, N. T., & Tonks, S. (2004). Increase reading comprehension and engagement through concept-oriented reading instruction. *Journal of Educational Psychology*, **96**, 403-423.
犬塚美輪（2011）．論理的コミュニケーションスキル育成のための評価システムの開発　日本教育工学会第27回全国大会講演論文集，721-722.
犬塚美輪・大道一弘・川島一通（2013）．論理的コミュニケーション力の評価枠組みと評価支援システムの開発　日本教育工学会論文誌，**37**, 67-77.
Miyake, N. (2005). Multifaceted outcome of collaborative learning: Call for divergent evaluation. 13th international conference on computers in education（ICCE2005）. Singapore.
Miyake, N., & Shirouzu, H. (2006). A collaborative approach to teaching cognitive science to undergraduates: The learning sciences as a means to study and enhance college student learning. *Psychologia*, **49**, 101-113.
National Reading Panel (2000). *Teaching children to read: An evidence-based assessment of the scientific research literature on reading and its implications for reading instruction*. Bethesda, MD: National Institute of Child Health and Human Development.
大山泰宏（2003）．学生支援論　京都大学高等教育研究開発推進センター（編）大学教育学　培風館　pp.135-151.
佐渡島紗織（2012）．早稲田大学ライティング・プログラムの実践と成果　国立国語研究所共同研究プロジェクト「テキストの多様性を捉える分類指標の作成」研究発表会資料［PPT］
佐渡島紗織・吉野亜矢子（2008）．これから研究を書くひとのためのガイドブック　ひつじ書房
Student Learning Center-Texas A&M University (2010). Annual report: Helping students learn how to learn. p.6.
鈴木克明（2011）．学びやすい環境を大学につくる　ラーニングコモンズとチューター認証制度〈上〉　教育学術新聞第2428号　日本私立大学協会
　　http://www.shidaikyo.or.jp/newspaper/online/2428/5_1.html（accessed 2012.02.10）
鈴木克明・美馬のゆり・山内祐平（2011）．大学授業の質改善以外の学習支援にどう取り組むか　日本教育工学会研究報告集日本教育工学会研究論文集，**11**(1), 81-186.
高橋大介・小田五月（2012）．学生チューター主体で運営する数理学習センターを利用した連携授業の効果　リメディアル教育研究，**7**, 117-130.
冨永敦子（2010）．テクニカルライティングとライティング教育　BEAT Seminar「書く力を育てる大学教育」　2010年12月4日　発表資料［PPT］
津嘉山淳子（2011）．名桜大学言語学習センター　チューターハンドブック　p.13.
早稲田大学オープン教育センター（2011）．平成22年度　文部科学省　大学教育・学生支援推進事業　大学教育推進プログラム「全学規模で行う学術的文章作成指導」平成22年度　報告書

● 第11章
言語技術の会（1990）．実践・言語技術入門—上手に書くコツ・話すコツ—　朝日新聞社
Guthrie, J. T., Van Meter, P., Hancock, G., Alao, S., Anderson, E., & McCann, A. (1998). Does concept-oriented reading instruction increase strategy use and conceptual learning from text? *Journal of Educational Psychology*, **90**, 261-278.
井上尚美（2009）．思考力育成への方略—メタ認知・自己学習・言語論理—　明治図書
Inuzuka, M. (2005). *Learning how to write through encouraging metacognitive monitoring: The effect

of evaluating essays written by others. Proceedings of 27th annual conference of the Cognitive Science Society. pp.1018-1024.
伊東昌子・伊東裕司・関野洋子（1998）．協同プランニングと相互説明を用いた説明文産出訓練―プログラムの開発と試行― 認知科学会テクニカルレポート，**28**，1-8.
清河幸子・犬塚美輪（2003）．相互説明による読解の個別学習指導―対象レベル－メタレベルの分業による協同の指導場面への適用― 教育心理学研究，**51**，218-229.
Miyake, N., & Shirouzu, H.（2006）. A collaborative approach to teaching cognitive science to undergraduates: The learning sciences as a means to study and enhance college student learning. *Psychologia*, **49**, 101-113.
望月俊男・椿本弥生（2014）．批判的読解支援ソフトウェアeJournalPlusを使ったピアレスポンス活動の効果 日本教育工学会研究報告書（JSET14-1） pp.225-232.
鍋島啓太・渡邉研斗・水野淳太・岡崎直観・乾健太郎（2013）．訂正パターンに基づく誤情報の収集と拡散状況の分析 自然言語処理，**20**，461-484.
OECD（編著） 山形大学教育企画室（監訳） 松田岳士（訳）（2011）．学習成果の認証と評価―働くための知識・スキル・能力の可視化― 明石書店
岡崎直観・佐々木 彬・乾 健太郎・阿部博史・石田 望（2013）．ツイッター分析に基づく福島県産桃に対する風評の実態解明とその対策 第26回リスク研究学会年次大会 B-5-3.
Oura, H., Mochizuki, T., Nishimori, T., Sato, T., Nakamura, Y., Ohno, T., Tateno, Y., Miyake, M., Watanabe, S., Henrik, J., Matsumoto, K., Wada, H., Miyatani, T., Nakahara, J. & Yamauchi, Y.（2008）. eJournalPlus: Development of a tabletPC based reading support software toward critical reading. In J. Luca & E. Weippl（Eds.）, *Proceedings of world conference on educational multimedia, hypermedia and telecommunications 2008*（pp. 5684-5688）. Chesapeake, VA: AACE. Retrieved February 28, 2014 from http://www.editlib.org/p/29169.
Palincsar, A. S., & Brown, A. L.（1984）. Reciprocal teaching of comprehension-fostering and comprehension-monitoring activities. *Cognition and Instruction*, **1**, 117-175.
三森ゆりか（2005）．子どものための論理トレーニングプリント PHP研究所
三森ゆりか（2013）．大学生・社会人のための言語技術トレーニング 大修館書店
白石藍子・鈴木宏昭（2009）．第3章 相互レビューによる論証スキルの獲得 鈴木宏昭（編著） 学びあいが生み出す書く力 丸善プラネット pp.31-54.
Tanaka, Y., Sakamoto, Y., & Matsuka, T.（2012）. *Transmission of rumor and criticism in twitter after the great Japan earthquake*. Proceedings of the 34th Annual Conference of the Cognitive Science Society, pp.2387-2392.
Tanaka, Y., Sakamoto, Y., & Matsuka, T.（2013）. *Toward a social-technological system that inactivates false rumors through the critical thinking of crowds*. Proceedings of the 46th Hawaii International Conference on System Sciences, pp.649-658.
冨永敦子・向後千春（2007）．ブレンディド型文章作成指導におけるグループワークの効果 日本教育工学会研究報告集，JSET07-5，281-288.
椿本弥生・大塚裕子・高橋理沙・美馬のゆり（2012）．大学生を中心とした持続可能な学習支援組織の構築と学習支援実践 日本教育工学会論文誌，**36**(3)，313-325.

人名索引

●A
阿部慶賀　94
Abrami, P. C.　55
Afflerbach, P.　10
赤堀侃司　66, 71, 78
秋田喜代美　13
Anderson, J. R.　93
Anderson, R. C.　3
安藤雅洋　45
新井紀子　45, 43, 124
有賀妙子　49
Aronson, E.　101, 134

●B
Bannert, M.　47
Bereiter, C.　120, 89, 90
Bråten, I.　36
Brown, A. L.　14, 30, 33, 119, 152
Browne, M. N.　52
Bruning, R.　8

●C
Cain, K.　12
Cameron, C. A.　89
Casanave, C. P.　31
Chase, W. G.　27
Chi, M. T. H.　115

●D
Daiute, C.　120
Dalton, B.　120
De la Paz, S.　97
Deerwester, S.　69
Dobson, T.　46
Duchastel, P. C.　78

●E
Eliahu, M.　48
Elshout-Mohr, M.　31

Ennis, R. H.　26, 54

●F
Faigley, L.　93, 94, 96
Flavell, J. H.　30
Flower, L. S.　90, 94, 98
Foltz, P. W.　69, 70
Friedman, N. P.　42
藤岡秀樹　25, 26
深谷優子　94, 96
福澤一吉　59
古本裕美　29

●G
Gagne, P.　70
García, V.　47
Gaultney, J. F.　13
後藤康志　49
Graham, S.　96, 97
Gredler, M. E.　44, 47
Guthrie, J. T.　8, 14, 15, 34, 134, 152

●H
Hacker, D. J.　30, 33
Hayes, J. R.　90, 94, 98
Hickey, D. T.　101
Hirashima, T.　48
平山るみ　29, 36
久原恵子　24

●I
市川伸一　6
犬塚美輪（Inuzuka, M.）　10, 13, 16, 18, 32, 98, 99, 119, 136, 152
井上一郎　74
井上尚美　81, 149, 150
石井　巖　67, 68
石岡恒憲　69, 70, 71
伊東昌子　27, 97, 99, 100, 152

岩男卓実　92
岩槻恵子　41, 42

● J
Jonassen, D. H.　78

● K
亀田雅之　69, 70
Kamil, M. L.　46
Kardash, C. A. M.　112
川本佳代　124
Kellog, R. T.　92
Kim, H. S.　46
Kintsch, W.　4, 21, 27, 30
岸　学　62
北　研二　69
清河幸子　119, 152
Kizilgunes, B.　8
Klein, J.　68
小林敬一　22, 36, 37
近藤武夫　45
向後千春　78, 100, 152
楠見　孝　26, 29, 36

● L
Landauer, T. K.　69
Larkin, J. H.　41
Loach, R. F.　66
Lysynchuk, L. M.　33

● M
牧野由香里　84
Markman, E.　30, 32
McNamara, D. S.　119
Meister, C.　33
Meyer, B. J. F.　13
Meyer, R. E.　43, 47
Miall, D. S.　46
道田泰司　23, 26, 29, 74
三森ゆりか　75, 82, 149
宮地　功　130
Miyake, A.　42
Miyake, N.　134, 135, 152

三宅貴久子　64
望月俊男　152
Moshenko, B.　89

● N
長尾隆宏　71
長坂悦敬　68
Narens, L.　6, 97, 98
Nelson, T. O.　6, 97, 98
Niederhauser, D.　46
野矢茂樹　62
野崎浩成　45
Nussbaum, E. M.　112

● O
O'Keefe, D. J.　64, 110, 112
沖林洋平　29, 34
大庭コテイさち子　75, 82, 83
大井恭子　79
大山泰宏　139
Oura, H.　152

● P
Page, E. B.　69, 71
Palincsar, A. S.　14, 33, 119, 152
Patnoe, S.　134
Paul, R.　23
Pearson, P. D.　3
Pressley, M.　10, 14

● R
Reimann, P.　47
Ronen, M.　48
Rosenshine, B.　33
Rotter, J. B.　8
Rudner, L.　70

● S
Sa, W. C.　26
佐渡島紗織　144, 145
Salmerón, L.　47
三宮真智子　6, 97
佐藤勝昭　71

佐藤公治　54
澤田昭夫　64, 77
Scardamalia, M.　89, 90, 120
Schiefele, U.　8
Schraw, G.　8
関　友作　66, 78
Shapiro, A.　46
Shermis, M. D.　70
清道亜都子　105, 106, 76
島村直己　105
清水寛之　6
清水　誠　130
白石藍子　167
Shirouzu, H.　134, 152
Simon, H. A.　27, 41
Spicer, J. I.　48
Stanovich, K. E.　7, 26
Stratford, J.　48
鈴木克明　140, 146
鈴木宏昭　79, 151
Sweet, A. P.　8

●T
高橋　薫　101, 123
田崎晴明　57
舘野泰一　80
辰濃和男　93
Tenent, A.　33
冨永敦子　82, 100, 144, 152
Toplak, M. E.　26
Toulmin, S. E.　79

椿本弥生　65, 71, 93, 94, 101, 152
津嘉山淳子　146
辻井潤一　69

●U
植野真臣　45
宇佐見　寛　62, 64, 75, 77

●V
Van Daalen-Kapteijns, M.　31
Voss, J. F.　115

●W
渡部　洋　67
渡辺雅子　75, 76, 110
West, R. F.　29
Wiley, J.　115
Williams, R.　70
Witte, S.　93, 94, 96
Wolfe, M. B.　27

●Y
泰山　裕　64
吉田智子　49
吉野亜矢子　145
湯川高志　71

●Z
Zeitz, C. M.　27
Zimmerman, B. J.　14

171

事項索引

●あ
アナログツール　126
アントレプレナーシップ開発センター　122
アントレプレナーシップ教育　122

●い
意見文　76, 105
一文一義　64
一貫性　64
イマージョンアプローチ　54

●え
エッセイトライアングル　83

●お
OECD 高等教育における学習成果の評価（AHELO）　38, 132
OECD 生徒の学習到達度調査（PISA）　22, 50

●か
概念地図　92
外部設計　78
学習指導要領　16, 74
型　75
考えたことのタイプ　121
関西大学初等部　82

●き
基礎的リテラシー　22
教育家庭新聞　83
協調学習　118
協調執筆　100
協調推敲　101

●く
グラフィックオーガナイザー　82

●け
形式論的推論能力　25
ゲーム　47
言語活動　74
言語技術　81
言語技術教育　75
言語技術の会　63, 149
言語論理教育　149

●こ
高次リテラシー　22
構築－統合モデル　4
誤解リテラシー　22
個別相談　152
個別相談制度　140
混合アプローチ　55
コントロール　6, 31, 98

●さ
再反論　64, 110

●し
ジェネラルアプローチ　55
思考図　82
自己調整学習　14
支持文　77
執筆　90
実用文　82
シミュレーション　47
重点先行　64, 77
主張文　77
「守破離」の教育モデル　111
状況モデル　5
小論文　76
深層的な修正　93

●す
推敲　90
スキーマ　3

● せ
生活文　76
説得文　76
先行オーガナイザー　78
潜在意味分析（LSA）　65

● そ
相互教授法　14, 33, 119, 152
相互説明　119, 152
創作文　76

● た
大規模公開オンライン講座　153
対象レベル　6
ダイナミックジグソー　134, 152
談話標識　13

● ち
知識語り　90
知識構成　90
知識構築の十字モデル　84
中央教育審議会　132
チューター　140
チュータリング制度　140

● て
テキストベース　5
テクニカルコミュニケーター協会　82
テクニカルライティング　82
デジタルテキスト　40
デジタル読解力　50
転移　133
電子テキスト　44
伝達信念　8

● と
トゥールミン・モデル　79
動機づけ　8
特異値分解　69
読書感想文　76
トップダウン　2

● な
内部設計　78

● に
21世紀型スキル（ATC21S）　154
日本国語教育学会　66
日本語版ワトソン・グレーサー批判的思考力
　　テスト　24
認識論的信念　7, 36

● ね
寝かせ　93

● は
ハイパーテキスト　44
パラグラフライティング　77
反証　110
反転授業　153
反駁　64
反論　64
反論の想定と反駁　64

● ひ
ピア・チュータリング　152
ピア・レスポンス　103, 119
批判的思考　23
批判的思考態度尺度　29
批判的思考力テスト　24
批判的読解　23
評価システム　136
表層的な修正　93
非連続の情報提示　41

● ふ
複数テキストの批判的統合　36
付箋教材　128-130
プランニング　90
プリントテキスト　40
文献の信頼性　65
文章自動採点　68

● へ
変換信念　8

●ほ
方略　10
ボトムアップ　2

●ま
マイ・ディクショナリー　126
マクロ構造　4
マクロな一貫性　64
学び直し　155
マルチメディア　44
マルチメディアの原則　43

●み
ミクロ構造　4
ミクロな一貫性　65

●め
命題　2
メタ認知　6
メタ認知的活動　97
メタ認知的モニタリング　98
メタ理解　6
メタレベル　6
メディアリテラシー　49

●も
モニタリング　6, 30, 97

●よ
読み手意識　63
4枚カード問題　25

●ら
ライティングセンター　140
ライティングフェーズ　102

●ろ
論理科　81
論理性　74
論理的な文章　74
論理的な読み書き　76

●わ
早稲田大学オープン教育センター　143

●アルファベット
AHELO　38, 132
ATC21S　154
bag-of-words　70
Chukyo Learning Science　134
C-I モデル　4
CMC（Computer Mediated Communication）　124
CORI（Concept Oriented Reading Instruction）　14, 34, 152
CSCL（Computer Supported Collaborative Learning）　124, 153
CSILE（Computer-Supported Intentional Learning Environment）　120
e-教室　124
eJournalPlus　152, 153
GMAT（Graduate Management Admission Test）　71
ICT（Information and Communication Technology）　100
IEA（Intelligent Essay Assessor）　68
Jess　70
Knowledge Forum　120
LSA　65, 69
MOOCs（Massive Online Courses）　153
National Reading Panel　14, 34, 134
Net Commons　124
PEG（Project Essay Grade）　68
PISA　22, 50
RAND Reading Study Group　7
Re：（アール・イー）　101, 153
SRSD（Self-Regulated Strategy Development）　96
Student Learning Center-Texas A&M University　143
thinking types　121
Transactional Strategies　14
WBT（Web Based Training）　153
word caller　7

あとがき

　本書は，専門領域や関心が少しずつ異なる2名の著者で執筆しました。犬塚は教育心理学が専門で，中心的な関心は論理的な読み書き能力の育成や，そのためのメタ認知的教育介入方法の開発です。椿本は教育工学が専門で，文章評価方法の開発や，文章推敲の認知過程の探索に興味を持っています。

　本書の中でそれぞれの専門や興味関心が重なっている部分は，共同で執筆しました。これにより，多くのトピックに対して領域横断的で多角的な視点から執筆できたのではないかと考えています。読者のみなさんにもそう思ってもらえれば幸いです。なお，複数の章で重複する内容があっても，あえて削らず，そのまま残しました。これは，異なる文脈でも基盤となるモデルや理論は共通していることを示したかったためです。重複する内容を発見したら，その前後を含めて読み比べてみてください。新しい気づきが得られるかもしれません。

　本書の企画は，2011年3月から始まりました（発刊まで3年もかかってしまいました）。私たちが東京で最初に打ち合わせを行ったのは，偶然にも東日本大震災の当日でした。私たちも，打ち合わせのあと帰宅するために向かった駅で，あるいは大学で，大きな揺れとその後の混乱を経験しました。

　他の多くの人と同じく，私たちも，SNSやテレビのニュースをとおして，現状や今後に関する情報を得ようとしました。私たちは被害の大きかった地域にいたわけではありませんでしたが，大量の情報が氾濫・錯綜する中で，混乱し，不正確な情報に振り回され，不安や恐怖を感じる一日を過ごしました。

　この日以降，私たちだけでなく多くの人々が「生きていくために，必死で情報を求め考える」ことを余儀なくされてきたと言えるのではないでしょうか。こうした経験を語り合う中で，私たちは「今，何の情報が必要か」「自分はこの問題について知っているか」を自らに問い，「この情報は正しいか」を吟味するメタ認知や批判的思考が，大学の研究室や学校の中だけではなく，今この日常にも必要なのだということを改めて実感したのです。

　日常で情報を選択し吟味することの難しさと必要性は，私たちだけではなく，おそらく多くの人が感じたのではないでしょうか。

　メタ認知や批判的思考についての知識やそれを運用する能力は，普段の日常ではもちろん，2011年3月のような災害時にも，家族や自分を守るために，子どもにとってよき父母でいるために，さらには生きていくために，誰にとっても必須だと私たち

は考えています。そして，その知識や能力を支えるのは，論理的な読み書きの力に他なりません。

　本書で試みようとしたのは，論理的な読み書きの理論と実践を紹介し，現代社会におけるそれらの必要性を提示することでした。本書の主な対象者は，論理的な読み書きの理論や実践に関心がある大学院生や研究者です。しかし，先に述べたように，論理的な読み書きを必要としているのは研究者や専門家だけではありません。本書をきっかけに，研究者だけでなく，多くの方々に論理的な読み書きの方法や知識を活かして生活や学習を行うことの楽しさや重要さを発見してもらえれば，私たちにとって望外の喜びです。

　最後に，本書執筆にご尽力くださったお二人に心から感謝して，この本を締めくくりたいと思います。まず，山口大学の沖林洋平先生には，ご専門の批判的思考に関する知見をご教授いただきました。また，批判的思考の観点から本書全体に関わる多くのアドバイスをいただきました。先生のご助力なしに，本書が今の形になることはありませんでした。また，北大路書房の薄木敏之氏は，忙しさを理由になかなか執筆が進まない私たちを辛抱強く激励しつづけてくださいました。薄木氏の3年間にわたる支援がなければ，この本は世に出ることはありませんでした。この場を借りてお二人に感謝の意を捧げます。

　　　2014年5月

　　　　　　　　　　　　　　　　　　　　　　　　　　　　　　　　椿本弥生

● 著者紹介

犬塚美輪（いぬづか・みわ）……………… 第 1・2・3・4・7・8・9・10・11 章担当
2004 年　東京大学大学院教育学研究科博士課程　修了（博士（教育））
現　在　大正大学　人間学部　准教授
〈主著・論文〉
学力と学習支援の心理学　放送大学教育振興会　2014 年（分担執筆）
ピア・ラーニング：学び合いの心理学　金子書房　2013 年（分担執筆）
自己調整学習：理論と実践の新たな展開へ　北大路書房　2012 年（分担執筆）
読解方略の指導　教育心理学年報　52 巻　62-172 頁　2013 年
論理的コミュニケーションの評価枠組みと評価支援システムの開発　日本教育工学会論文
　　誌　37 巻　67-77 頁　2013 年（共著）

椿本弥生（つばきもと・みお）…………………………… 第 5・6・7・9・10・11 章担当
2008 年　東京工業大学大学院社会理工学研究科　人間行動システム専攻　博士課程修了
　　　（博士（学術））
現　在　公立はこだて未来大学　システム情報科学部　准教授
〈主著・論文〉
大学生のための文章表現ワークブック：読み手・書き手と対話する　専修大学出版局
　　2014 年（分担執筆）
書表現技術ガイドブック　テクニカルコミュニケーター協会　2008 年
通信教育における意見文の協同推敲を支援するグループ編成方法の開発と評価　日本教
　　育工学会論文誌　37 巻　255-267 頁　2013 年（共著）
大学生を中心とした持続可能な学習支援組織の構築と学習支援実践　日本教育工学会論
　　文誌　36 巻　313-325 頁　2012 年（共著）
主観的レポート評価の系列効果を軽減するツールの開発と評価　日本教育工学会論文誌
　　30 巻　275-282 頁　2007 年（共著）

論理的読み書きの理論と実践
──知識基盤社会を生きる力の育成に向けて──

| 2014年7月10日 | 初版第1刷印刷 | 定価はカバーに表示 |
| 2014年7月20日 | 初版第1刷発行 | してあります。 |

著　者　　犬　塚　美　輪
　　　　　椿　本　弥　生
発　行　所　　㈱北 大 路 書 房

〒603-8303 京都市北区紫野十二坊町12-8
電　話　(075) 4 3 1 - 0 3 6 1(代)
Ｆ A X　(075) 4 3 1 - 9 3 9 3
振　替　0 1 0 5 0 - 4 - 2 0 8 3

Ⓒ2014　　印刷・製本／亜細亜印刷(株)
検印省略　落丁・乱丁はお取り替えいたします。

ISBN978-4-7628-2871-3 Printed in Japan

・ JCOPY 〈㈳出版者著作権管理機構 委託出版物〉
本書の無断複写は著作権法上での例外を除き禁じられています。
複写される場合は，そのつど事前に，㈳出版者著作権管理機構
（電話 03-3513-6969,FAX 03-3513-6979,e-mail: info@jcopy.or.jp）
の許諾を得てください。